今日中国

和谐社会

主编◎朱建纲　颜晓峰

本册主编◎王道勇

湖南教育出版社

《今日中国》丛书编委会

主　编

　　朱建纲　颜晓峰

编委会成员

　　朱建纲　颜晓峰　孙　利　王寿林

　　吴　冰　王道勇　田鹏颖　张　琦

　　贺敬垒　黄步高　黄永华　董静静

序

从富起来到强起来
——新时代的中国

"古老的东方有一条龙,它的名字就叫中国。"

中华民族在五千多年的文明历史中,开垦了物产丰富的广袤良田,治理了肆虐不驯的千百条大江大河,建设了万里长城、都江堰、大运河、故宫、布达拉宫等气势恢弘的伟大工程,发明了造纸术、火药、印刷术、指南针等深刻影响人类文明进程的伟大科技成果,创作了《诗经》、《楚辞》、汉赋、唐诗、宋词、元曲、明清小说等伟大文艺作品,还造就了走在世界前列的繁荣盛世。

1840年鸦片战争以后,西方列强凭着坚船利炮野蛮轰开了中国的大门,中华民族陷入内忧外患的悲惨境地。从那时起,实现中华民族伟大复兴,成为华夏儿女最伟大的梦想,中国人民百折不挠、坚忍不拔,为实现这个伟大梦想进行了170多年的持续奋斗。

"雄关漫道真如铁。"1921年中国共产党诞生后,团结带领人民完成新民主主义革命和社会主义革命,建立起中华人民共和国和社会主义基本制度,进行了社会主义建设的艰辛探索,实现了中华民族从"东亚病夫"到站起来的伟大飞跃。

"人间正道是沧桑。"1978年改革开放以来,中国共产党人团结带领人民，进行建设中国特色社会主义新的伟大实践，使中国大踏步赶上了时代步伐，实现了中华民族从站起来到富起来的伟大飞跃。

"长风破浪会有时。"以习近平同志为核心的党中央团结带领人民，推动党和国家事业取得全方位、开创性历史成就，发生深层次、根本性历史变革，中华民族迎来了从富起来到强起来的伟大飞跃。今天，中国人民比历史上任何时期都更接近、更有信心和能力实现中华民族伟大复兴。

回首党的十八大以来的岁月，的确是极不平凡和激动人心的。面对世界经济复苏乏力，局部冲突和动荡频发，全球性问题加剧的外部环境，面对我国经济发展进入新常态等一系列深刻变化，党和国家开拓创新、励精图治，提出一系列具有开创性意义的新理念新思想新战略，出台一系列重大方针政策，解决了许多长期想解决而没有解决的难题，办成了许多过去想办而没有办成的大事，令国人为之赞叹，令世界为之瞩目。

经济建设取得重大成就，国内生产总值稳居世界第二，对世界经济增长贡献率超过30%。

民主法治建设迈出重大步伐，推进全面依法治国，社会主义协商民主不断发展。

思想文化建设取得重大进展，社会主义核心价值观和中华优秀传统文化广泛弘扬，国家文化软实力和中华文化影响力大幅提升。

人民生活不断改善，城乡居民收入增速超过经济增速，覆盖城乡居民的社会保障体系基本建立。

脱贫攻坚战取得决定性进展，6000多万贫困人口稳定脱贫，贫困发生率从10.2%下降到4%以下。

生态文明建设成效显著，绿水青山就是金山银山的理念深入人心，实行了最严格的生态环境保护制度。

强军兴军、港澳台工作、大国外交、党的建设等领域，都是亮点纷呈、有声有色。

从富起来到强起来，是一次前所未有的伟大飞跃，是新时代的实质内容和奋斗目标，是包括港澳台同胞、海外华人在内的全体中华儿女的共同愿望。

新时代的中国，是在以习近平同志为核心的党中央坚强领导下开辟出来的，是在习近平新时代中国特色社会主义思想科学的指导下开创出来的，是依靠全体中国人民齐心协力奋斗出来的。

2017年召开的中共十九大，开启了全面建设社会主义现代化国家新征程。"中华"号巨轮正在扬帆远航，驶向中华民族伟大复兴的美好前景。从2035年到本世纪中叶，在基本实现社会主义现代化的基础上，再奋斗十五年，把我国建成富强民主文明和谐美丽的社会主义现代化强国，中华民族将以更加昂扬的姿态屹立于世界民族之林。

今日中国，传承中国历史，走向中国未来。了解今日中国，就能展望未来中国、现代化中国。湖南教育出版社秉承这一理念，组织专家学者，精心打造，编写出版"今日中国"丛书。该套丛书将从经济建设、政治建设、文化建设、社会建设、生态文明建设和打赢脱贫攻坚战等领域，全方位展示新时代中国特色社会主义的重大发展成就，为海内外华人了解祖国打开一个窗口，搭建一座桥梁。与此同时，该套丛书竭力让各位读者更加全面、准确、真实地了解今日中国，从而对中华民族的美好未来更加充满信心，更加自觉地合力实现中国梦。

丛书编委会
2019年2月

目 录

> 今日中国·和谐社会

第一章 社会建设：让人民生活幸福安康 / 001

第一节 社会和谐：中国人的千年梦想 / 002
第二节 习近平总书记关于社会建设的重要论述 / 008
第三节 以社会建设促进社会公平正义 / 012

第二章 公平而有质量的教育 / 025

第一节 百年树人：教育是民族复兴的基础工程 / 026
第二节 党的十八大以来中国教育发展成就 / 033
第三节 教育公平：不让孩子们输在起跑线上 / 039
第四节 教育质量：建设现代化教育强国 / 045

第三章 充分而有尊严的就业 / 053

第一节 党的十八大以来中国就业工作的成就与现状 / 054
第二节 充分就业：人人都有一个工作岗位 / 058
第三节 自我创业：人人都有一份实现自我价值的工作 / 061
第四节 体面就业：人人都有一份有尊严的工作 / 066

第四章　公正而有秩序的收入分配 / 071

第一节　让钱袋子鼓起来：收入是民生之源 / 072
第二节　党的十八大以来收入分配改革成就 / 076
第三节　缩小收入差距 / 083
第四节　扩大中等收入群体 / 089

第五章　统一而可持续的社会保障 / 095

第一节　党的十八大以来中国社会保障体系建设成就 / 097
第二节　应保尽保：中国的社会救助制度 / 101
第三节　皆有所养：中国的社会福利制度 / 107
第四节　公平可持续：中国的社会保险制度 / 112

第六章　人人安康的健康中国 / 119

第一节　健康：推进医疗卫生体制改革 / 120
第二节　人口均衡发展：人口计划生育政策 / 126
第三节　实现老有所养：应对人口老龄化行动 / 129

第七章　打造共建共治共享的社会治理格局 / 139

第一节　以社会治理促进社会和谐 / 140
第二节　夯实社会治理中的社区基础 / 144
第三节　加强虚拟社会的服务管理 / 152
第四节　加强流动人口的服务管理 / 156

结语：不断增强人民的获得感、幸福感和安全感 / 163
后　记 / 165

第一章

社会建设：让人民生活幸福安康

人民生活幸福安康是中华民族数千年来的共同理想，无数仁人志士曾为之奋斗终生，甚至舍生取义。中华人民共和国成立以来，尤其是1978年改革开放以来，中国人民的生活发生了翻天覆地的变化，人民生活水平和生活质量不断提高。自2012年党的十八大以来，在习近平总书记关于社会建设的重要论述的指引下，中国在社会建设的两个基本领域——改善民生和社会治理——持续发力，不断进行社会体制改革，不断促进社会公平正义，一个国力强盛、人民生活幸福安康的美好画卷正徐徐展现在全世界人们面前！

第一节
社会和谐：中国人的千年梦想

一直以来，中国人都对什么是理想社会，有着自己的美好展望。其中大家最为熟悉的就是"小康社会"理想和"大同社会"理想。千百年来，全体中华儿女的共同理想就是进入小康社会，最终实现天下大同。让人民生活幸福，让社会安定有序，是一代又一代中国人不断追寻的社会和谐梦想。

一、从小康到大同的社会理想

社会和谐的初级表现形式是"小康社会"。据考证，有关"小康社会"的理想至少已经有三千年的历史。在儒家思想中，记载上古诗歌的《诗经》中就有了"民亦劳止，汔可小康"的记载；在道家思想中，老子有"小国寡民"的社会理想；在墨家思想中，墨子也有"尚贤、尚同、兼爱、非攻、节用"等社会发展目标。在传统社会中，"小康"一词通常是指比较宽裕的家庭生活状态。如孟子对社会状态的设计是人有恒产，"仰足以事父母，俯足以畜妻子，乐岁终身饱，凶年免于死亡……颁白者不负戴于道路矣。老者衣帛食肉，黎民不饥不寒"。所谓"家道小康""小康之家""小富即安"，指的就是孟子所设想的这种生活状态。在孙中山先生的三民主义中，"民生"的要求也并不高。当前，我国通用的词典《现代汉语词典》对"小康"的解释是:"指家庭经济状况可以维持中等水平生活。"邓小平同志也是在这个意义上借用了小康的基本含义,并且赋予其社会主义和当代中国的内涵。从历史角度来看,到2020年中国建成全面建成小康社会,不仅仅意味着中华人民共和国实现了自己的第一个一百年奋斗目标,还意味着两三千年来中华民族最重要的一种理想生活状态成为现实!

社会和谐的高级理想状态是"大同社会"。记载上古礼仪制度的《礼记》在其《礼运篇》中对大同这种社会状态进行了充分描绘。这就是大家所熟知的:"大道之行也,天下为公,选贤与能,讲信修睦。故人不独亲其亲,不独子其子,使老有所终,壮有所用,幼有所长,矜、寡、孤、独废疾者,皆有所养。"这种大同社会梦想一直是儒家所追求的最高理想。从一定意义上讲,中国共产党所追求的共产主义社会远大理想,也是社会主义和当代中国人对未来大同社会的一种展望。这种大同社会需要很长一个时期,需要百年以上甚至更长久的努力才能成为现实。

与社会和谐直接相关的一个概念就是"民生"。有关"民生"的提法,我们可以在左丘明的《春秋左传》中找到。《左传·宣公十二年》中记载:"民生在勤,勤则不匮。"这句话是当时的楚国国君对臣民的箴言,他劝诫本国臣民说,百姓生活的根基在于辛勤劳动,只要辛勤劳动就不会缺衣少食。这是迄今为止发现的"民生"一词的最早出处。此后,大诗人屈原有"哀民生之多艰"的感叹。而中国历代王朝最为兴盛的时期,如贞观之治、开元盛世、康乾盛世等,也都是老百姓生活相对宽裕的时期。当前,

孙中山《民权初步》

在中国共产党和政府的工作中，民生主要是指扶贫、教育、就业、收入、社会保障、医疗卫生、住房、人口等内容。所以，总体上看，两千多年来，在中国，民生的基本内涵没有什么大变化，一直是指事关老百姓生老病死、衣食住行的问题，是老百姓最关心最直接最现实的利益问题。

与社会和谐直接相关的还有一个概念就是"社会建设"。"社会建设"这个词，在古代史书中却没有提及，它是孙中山先生首倡并发展的概念。1917年，孙中山先生撰写了《民权初步》一书，后被编为《建国方略之三：社会建设》，这是可以追寻的有关"社会建设"一词的最早记录。在孙中山先生那里，社会建设成为国家总体建设的一个重要组成部分，书中第一次对社会建设进行了阐述，认为社会建设首先要教国民行民权，实现"民之所有，民之所治，民之所享"。在1949年以前，当时的国民政府进行过长期的社会建设实践，中央政府中设有社会部，主要管理社会福利、社会救助甚至是妇女儿童工作。当时的学者对社会建设的理论研究热情也很高，当时的社会学界还有《社会建设》这个杂志，当时大学中的《社会学原理》教材中也有专门阐述社会建设的内容。应当说，在20世纪上半叶，当时的中国政府和学者秉承传统儒家思想和近代救国理念，做过不少改善人民生活的工作，但由于国力羸弱，政府官员腐败，加之日本等帝国主义的持续侵略，新中国建立前的绝大多数时期中国老百姓都挣扎在生存线边缘，生活都极其艰难。

二、和谐社会：改革开放以来当代中国追寻

中华人民共和国成立后，中国虽然有社会建设之实，但不再提社会建设这个词了。到1982年国家制定第六个五年计划时，在计划总体名称上增加了社会发展的内容，从此以后的五年计划或规划都称为"国民经济和社会发展计划（规划）"，这是发展理念上的一个重大变化，表示国家开始重视社会发展问题。

改革开放以来,我国社会建设大致可以划分为三个发展阶段,不同阶段的发展特征和基本内涵有所不同。

从 1978 年 12 月党的十一届三中全会召开至 2002 年 11 月党的十六大召开这段时期,是改革开放以来我国社会建设的第一个发展阶段,可以称为社会状态持续改善阶段,其基本特征是社会制度还不太系统,但人民生活水平在持续提高。在指导思想上,改革开放伊始,邓小平同志就提出,社会主义的优越性归根到底就是在发展生产力的基础上不断改善人民的物质文化生活。江泽民同志也一直强调党要始终代表最广大人民的根本利益。在此基础上,党的十四大报告提出,加快改革和经济发展,目的都是为了满足人民日益增长的物质文化需要;党的十五大报告提出,提高人民生活水平,是改革开放和发展经济的根本目的。在这些指导思想的指引下,在经济高速发展的同时,扶贫、教育等领域的具体民生政策不断出台。虽然这一时期还没有提出"社会建设"这一概念,改善民生的社会政策也不太全面,但人民收入水平在快速提高。据国家统计局公布的历年统计公报的数据,1978 年,我国城镇居民人均可支配收入和农民人均纯收入分别为 343 元和 134 元,至 2002 年已经分别达到 7703 元和 2479 元,24 年分别增长到 1978 年的 22.5 倍和 18.5 倍。

2002 年 11 月党的十六大至 2012 年 11 月党的十八大召开这段时期,是改革开放以来我国社会建设的第二个发展阶段,可以称为社会制度的集中建设阶段,其基本特征是各项福利制度在短时间内集中出台,人民生活水平快速提升。在指导思想上,以胡锦涛同志为总书记的党中央指出了"以人为本""社会建设""社会和谐""和谐社会""社会主义和谐社会""改善民生"以及共建共享等新理念,中共十七大正式将社会建设列为"四位一体"中国特色社会主义事业总体布局的重要内容。在这些中央精神的直接指引下,改善民生的具体制度密集出台。在脱贫方面,从以解决温饱为主转入巩固温饱成果和提高发展能力;在教育

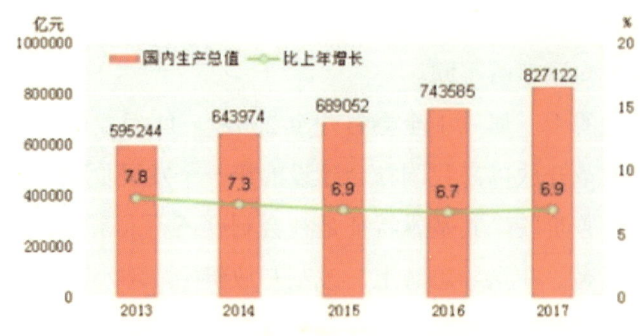

2013-2017年中国GDP总量与增速

方面,全面普及九年义务教育,着重关注教育公平和教育质量问题等;在就业方面,全面实行就业优先战略,开始关注和谐就业和体面劳动问题;在收入分配方面,从"效率优先、兼顾公平"转向"初步分配注重效率、再分配注重公平",并在党的十七大上进一步明确为"初次分配和再分配都要处理好效率和公平的关系,再分配应更加注重公平",更加重视社会公平正义;在社会保障方面,初步建成了包括社会救助、社会福利和社会保险在内的比较完善的现代社会保障制度体系;等等。可以说,这一时期是我国福利制度创新最为集中的时期,大量的福利制度走过了"从无到有"的阶段。

2012年11月党的十八大以来,我国社会事业发展更为迅猛。经过2013—2017年这五年的努力,我国人均GDP达到了8800美元左右,处于世界中高收入国家的上等水平;全国居民可支配收入年均增长约9%;全国居民基尼系数下降到0.46左右;恩格尔系数下降到29%左右,达到富裕国家的水平。五年间累计6800多万人口实现脱贫,新增就业岗位6500多万,3600万套保障性住房全部开工,到2017年已部分建成,教育公平与教育制度现代化持续推进,医疗保险实现全覆盖,人口计生政策适时进行调整,等等[1]。但以上这些仅是外在的表现形式,综观改

---

[1] 中华人民共和国国家统计局:《中华人民共和国2017年国民经济和社会发展统计公报》,2018年2月28日。

革开放以来我国社会建设的发展历程,我们可以认为,自党的十八大以来,我国的民生事业发展进入一个新的历史阶段,当前和未来相当长时间内,我国都将长期处于质量型民生建设时期,其基本特征是不仅强调要提升人民生活水平,更强调要提升人民生活质量。

从社会事业发展规律来看,我国的社会建设已经走过了"从无到有"的生存型社会建设阶段,未来将走向"从有到好"的质量型社会建设阶段。在改革开放以来社会建设的第一、二阶段,社会建设最重要的目标是做到"有",现在的很多民生制度如全民参保、全民医疗、全民养老和贫困人口"应保尽保"等都是在这两个阶段逐步建立起来的,可以说,时至今时,西方发达国家有的民生政策和福利制度,我国基本上都已具备,"从无到有"的目标已经基本成为现实。未来我国社会建设的改革目标必将是在"有"的基础上,提升质量。从理论上讲,在基本民生、底线民生等问题初步解决的前提下,发展能力尤其是"生活质量"问题将日益突显。随着人民需求的不断提升,民生问题将不再是简单的衣食之忧,而是全方位、高层次的民生问题,其核心是人的全面发展。从实践来看,我们要解决的主要问题,如民生制度的碎片化问题、欠公平问题、不可持续性问题和社会治理的法治化、智能化问题等,都是在对我国社会事业改革发展所需的长期持续保障体制机制进行布局,是在解决社会建设领域的深层次问题,属于社会建设质量提升范畴内的核心问题。

为适应社会事业发展规律的需要,党的十八大以来,党中央对未来我国的社会事业发展提出了更高的质量要求,改善民生的主要目标正在向"提高人民生活质量"这个方向靠拢。2015年,党的十八届五中全会提出,要"不断提升人民生活水平和质量",对2020年全面小康社会建成之时我国民生事业的发展目标进行了界定。2017年,习近平总书记在"7.26"讲话中进一步指出,我们的人民期盼有更好的教育、更稳定的工作、更满意的收入、更可靠的社会保障、更高水平的医疗卫生服务、更舒适的居住条件、更优美的环境、更丰富的精神文化生活。这八个"更"字,全面反映了人民对更高生活质量的渴望。党的十九大正式指出,中国特色社会主义进入新时代,我国社会主要矛盾已经转化为人民日益增长的美好生活需要和不平衡不充分的发展之间的矛盾。人民美好生活需要日益广泛,不仅对物质文化生活提出了更高要求,而且在民主、法治、公平、正义、安全、环境等方面的要求日益增长。其中公平、正义、安全等三大目标都是社会建设的主要任务。可以说,为了不断满足和回应人民的新需求,未来一个时期内,我国社会建设的核心问题必然是提升质量问题。

第二节
习近平总书记关于社会建设的重要论述

为了更好地解决社会建设"从有到好"的问题,提升社会建设质量,党的十八大以来,以习近平同志为核心的中国共产党中央深入贯彻以人民为中心的发展思想,通过改善民生和创新社会治理,不断增强广大人民群众的获得感、幸福感、安全感,在理论上形成了习近平社会建设思想。习近平社会建设思想是习近平新时代中国特色社会主义思想的重要组成部分,它科学回答了在中国特色社会主义新时代,为什么要推进社会建设、怎么推进社会建设等一系列重大理论问题,对未来我国社会建设应当遵循的指导思想、价值基础、长远规划、基本原则以及制度创新等进行了全面而深入的阐述,是未来我国各项社会建设工作的行动指南。

一、有关社会建设的宏观论述

简要而言,依据习近平社会建设思想,当前和未来中国开展社会建设主要的理论依据和工作原则有以下一些内容。

社会建设必须坚持以人民为中心的发展思想。《尚书》曰:"民为邦本,本固邦宁。"为政之要,唯在得人。中国共产党在成立之初就庄严地向世人宣告,我们党自身没有特殊利益,人民的利益就是我们的利益。2012年,习近平在新一届政治局常委同采访十八大的中外记者见面时的讲话中就指出,我们的人民热爱生活,期盼有更好的教育、更稳定的工作、更满意的收入、更可靠的社会保障、更高水平的医疗卫生服务、更舒适的居住条件、更优美的环境,期盼孩子们能成长得更好、工作得更好、生活得更好。人民对美好生活的向往,就是我们的奋斗目标。2017年中国共产党十九大进一步指出,为什么人的问题,是检验一个政党、一个政权性质的试金石。我们必须始终把人民利益摆在至高无上

人民生活幸福安康

的地位，把人民对美好生活的向往作为奋斗目标，把人民群众的小事当作自己的大事，从人民群众关心的事情做起，从让人民群众满意的事情做起，通过社会建设，让改革发展成果更多更公平地惠及全体人民。

社会建设必须不断促进社会公平正义。公平正义是中国特色社会主义的内在要求。当前和未来一段时期，中国在推动经济持续健康发展的基础上促进社会公平正义，加紧建设对保障社会公平正义具有重大作用的制度，逐步建立以权利公平、机会公平、规则公平为主要内容的社会公平保障体系，通过制度创新，努力克服人为因素造成的有违公平正义的现象，让权力在阳光下运行，让所有人共同享有人生出彩、梦想成真的机会。

不谋万世不足谋一时[①]。维护和实现好人民的根本利益需要对我国民生事业发展进行长远发展规划。中国特色社会主义新时代是一个不断创造美好生活、逐步实现全体人民共同富裕的时代。党的十九大对未来中国的社会建设目标进行了展望：到2035年，中国将基本实现社会主义现代化，届时人民生活将更为宽裕，中等收入群体比例将明显提高，城乡区域发展差距和居民生活水平差距显著缩小，基本公共服务均等化基本实现，全体人民共同富裕迈出坚实步伐。到2050年，全体人民共同富裕基本实现，中国人民将享有更加幸福安康的生活。这一长远目标既鼓舞人心又切实可行。

不谋全局不足谋一域。维护和实现好人民的根本利益必须坚持在发展中保障和改善民生，实现改善民生与经济发展的良性循环。经济和民生如两条腿走路，必须相互协调，才能步伐统一。既要防止出现"经济这条腿长，民生这条腿短"的现象，即经济快速发展，但普通老百姓没有得到实实在在的好处；又要防止出现"社会这条腿长但经济这条腿短"

[①] 习近平语，引自《中共中央关于全面深化改革若干重大问题的决定》，2013年11月12日。

的现象,即经济发展速度越来越慢,但国家对普通老百姓承诺的福利水平却越来越高,如果经济发展停滞,民生改善将成为无源之水。

无规矩不成方圆。维护和实现好人民的根本利益必须坚持坚守底线、突出重点、完善制度、引导预期的基本原则。坚守底线就是实行以保障基本生活为主的社会保障,实现"应保尽保",正如习近平总书记强调指出的,在我们社会主义国家,决不能发生旧社会那种"朱门酒肉臭,路有冻死骨"的现象;突出重点就是要突出基本民生,突出教育公平,突出重点地区和重点群体等;完善制度就是要进一步解决好我国民生制度现在存在的碎片化、欠公平与不可持续的制度安排,提高制度供给的质量。引导预期就是引导群众树立通过勤劳致富改善生活的信念,从而使改善民生既是党和政府工作的方向,又成为广大人民群众自身奋斗的目标。习近平指出,要抓住人民最关心最直接最现实的利益问题,坚持既尽力而为,又量力而行,形成有效的社会治理、良好的社会秩序,使人民获得感幸福感安全感更加充实、更有保障、更可持续。

二、关于民生与社会治理的具体论述

社会建设的主体内容之一是改善民生。增进民生福祉是发展的根本目的,必须坚持在发展中保障和改善民生。习近平指出,党的十八大以来,我国人民生活不断改善。但保障和改善民生是一项长期工作,没有终点站,只有连续不断的新起点。举网以纲,千目皆张。在改善民生的具体过程中要抓好"七有"这一主要任务,要以实现幼有所育、学有所教、劳有所得、病有所医、老有所养、住有所居、弱有所扶为主要奋斗目标。党的十九大在过去的"五有"基础上,增加幼有所育和弱有所扶这两个新任务,抓住了一个生理意义上最为弱小的社会群体即婴幼儿、一个社会意义上最为弱小的社会群体即弱势群体,这一方面说明人民的民生需求在不断增加,另一方面也反映出我国民生制度建设日益深化和完善，对人民生活的保障也更加健全、更加贴心。如前所述，改善民生的具体内容包括优先发展教育事业，提高就业质量和人民收入水平，加强社会保障体系建设，实施健康中国战略。

  社会建设的另一主体内容是社会治理。党的十八大以来，我国的社会治理体系更加完善，社会大局保持稳定，国家安全全面加强。随着社会主要矛盾的变化，"安全"日益成为人民对美好生活期盼的主要内容之一。党的十九大提出，要打造共治共建共享的社会治理格局，不断增加广大人民群众的安全感。习近平指出，社会治理是一门科学，要讲究辩证法。必须建设平安中国，加强和创新社会治理，维护社会和谐稳定，这样才能确保国家长治久安、人民安居乐业。社会建设的具体内容包括完善社会治理体制、创新社会治理方式，要正确处理好人民内部矛盾，建设平安中国，建立社会治安综合防控体系，形成健康向上的社会心态，搞好基层社区建设等。

第三节
以社会建设促进社会公平正义

  社会公平正义一直是人类社会最美好的愿景。在豪侠故事中，有"劫富济贫""路见不平拔刀相助"的义举；在历史长河中，有"等贵贱，均贫富"的奋力抗争；在当代中国，有"人人都有人生出彩机会"的中国梦。可以说，当代中国社会主义社会建设所秉承的核心价值就是社会公平正义。在社会建设的各个领域，如教育、就业、收入分配、社会保障、社会治理等，公平正义都是制度创新应当遵循的基本原则。

一、人民对社会公平正义的需求增强

中华人民共和国成立以来，老百姓的生活水平日益改善。人民在日子越过越好的同时，期盼分好蛋糕、实现发展成果公平共享的呼声也在不断高涨。自2002年起，人民网在全国"两会"召开前都会对网民关心的热点问题进行调查，连续17年的调查结果都显示，包括社会保障、收入分配、医药卫生体制改革等在内的公平正义话题一直位居前列。党的十九大明确提出，人民对民主、法治、公平、正义、安全、环境等要求正在日益增长，这就是党中央对人民呼声的正式回应。

为什么随着社会不断进步，中国人民对社会公平正义的需求不断增强？应当说，以下几点原因值得关注。

一是人与人的客观生活水平差距拉大让公平正义问题更加突显。由于中国发展太快，有些人刚刚解决温饱，但有人已经把大把大把的钞票花在奢侈品上；有人出门以自行车、摩托车代步，有人却在开宝马、驾奔驰、飙路虎；有人要用一辈子积蓄才能买下一套房产，有人却已经有了十几套甚至几十套房产。这种对比形成的强烈落差和相对剥夺感使公平正义更加突显。

二是人民的需求不断提升让公平正义无法完全实现。人的需求具有层次性，下一层次的需求得到满足后就会产生新的主要需求。现在生活好过了，人们的"胃口"也在不断增大。比如，过去中国人最关心的是吃饱，现在关心的则是吃好；过去是看不起病，现在则关心如何看得好病；过去结婚要自行车、手表和缝纫机，现在结婚则要房子、车子和票子；过去人民最关心生存问题，现在越来越关心生态问题。这些现象说明，一山还比一山高，随着生活越来越富足，人民对公平正义的要求也会随之"水涨船高"。

三是存在一些社会不公平现象。习近平总书记指出，改革开放以来，我国经济社会发展取得了巨大成就，为促进社会公平正义提供了坚实物质基础和有利条件。同时，在我国现有发展水平阶段，社会上还存在大量有违公平正义的现象。① 譬如，社会上还是有一些人靠"拼爹"、靠投机取巧、靠极力钻营、靠违规操作，甚至是靠违法犯罪获得暴利，结果老百姓越来越不满意，于是不少人开始"拿起筷子吃肉、放下筷子骂娘"。

对于群众要求社会更公平的呼声，中国共产党和政府高度重视。习近平总书记指出，公平正义问题如果不抓紧解决，不仅会影响人民群众对改革开放的信心，而且会影响社会和谐稳定。② 因为公平正义的底线一旦被突破，无论是对个人、社会还是国家来讲，后果都很严重。对个人而言，人们对社会会彻底丧失信心；对社会而言，不同社会群体间的关系会越来越紧张，整个社会就会逐步走向隔离、分裂和对抗，甚至可能会陷入混乱和动荡状态；对国家而言，改革开放所取得的巨大成果会被否定，党和政府的公信力会被质疑，最终必然是削弱党的执政基础，危及党的执政地位。

二、以社会建设促进公平正义的基本途径

在社会建设过程中，要在全体人民共同奋斗、经济社会发展的基础上，从权利公平、机会公平和规则公平等角度共同努力，持续推进社会公平正义。

一是权利公平莫歧视。权利公平是维护社会公平正义的基础。维护公平正义首先就要保障权利公平。当前，中国共产党和政府正在着力保障人民的各种权利。在政治权利上，每个人在法律面前拥有同样的政治权利，享受同样的参与权。在经济权利上，平等地尊重和保护每个社会成员的财产权、劳动权、休息权、退休和获得物质帮助的权利。为了实

---

① 《习近平关于社会主义社会建设论述摘编》，中央文献出版社2017年版，第27页。
② 同上。

现平等的市场竞争，当前中国共产党和政府正在尽力消除来自户籍、政治身份、地域等方面的歧视、排斥现象，为不同经济成分创造真正平等的竞争环境。在文化权利上，让每一个公民充分享有受教育的权利和义务，享有进行科学研究、文学艺术创作和其他文化活动的自由。当前，中国共产党和政府正在着力解决不同区域和不同人群间的基本公共文化资源分配不均问题。

二是起跑公平无遗憾。24岁的小王今年将硕士毕业于国内某重点大学，本应是人人羡慕的天之骄子的他却在找工作时屡屡碰壁，原因很简单，小王出生于农村，本科毕业于西部一所普通大学。面对很多单位的应聘毕业生须本科毕业于"985"、"211"大学的规定，小王很沮丧也很困惑，始终想不明白一直以来在各个方面都很优异的他为何连参与竞争的资格都没有。在现实生活中，相比财富的匮乏，机会的贫困是更加根本的真正贫困；相比分配不公，机会不公是让老百姓更愤怒的社会不公，因为老百姓会觉得像小王这样的人"拼爹"不行，连拼命的机会都没有。可以说，保障机会公平，保障所有人都在同一条起跑线上竞争，是实现社会公平正义的关键所在。一方面，中国政府正在创造良好环境、提供公共服务，成为人生赛场公正的"守护神"。为此，当前，中国共产党和政府正在加快推进城乡基本公共服务的均等化步伐，缩小城乡和区域间教育资源分配的差距，让所有有劳动意愿的人都有业可就并且各安其位。另一方面，政府和社会正在担负起"激励者"的角色，通过制度设计打造完备的上升通道，让有能力的人、肯努力的人，能够抢道领跑，最终实现"吃得苦中苦，方为人上人"的梦想。当前，中国共产党和政府正在取消依附在户口上的各种福利，还现代户籍制度作为人口服务管理制度的本来面目；正在对于人生赛跑中的落伍者如城乡贫困人口提供各种帮扶，通过职业培训等就业服务以及教育和医疗救助等，让他们早日跳出贫困陷阱，继续平等地参与人生竞赛。

三是遵守规则不"拼爹"。清代文人画家郑板桥曾经给儿子留有几句著名的临别赠言:"流自己的汗,吃自己的饭,自己的事情自己干,靠天靠人靠祖宗,不算是好汉!"阻止"拼爹"的最主要措施就是严格遵守规则。一方面,要严禁"潜规则"。法国大思想家卢梭曾经说过一句经典名言:"法律既不是铭刻在大理石上,也不是铭刻在铜表上,而是铭刻在公民的心里。"对于不合法的行为要严厉打击,要坚决消除灰色收入,让灰色收入暴露在制度的阳光之下;要消除制度歧视和行政垄断等让一些人受益而让另一些人受损的权力垄断现象。另一方面,要勇立新规则。在对那些不符合时代要求和积弊日重的旧规则进行彻底改造的基础上,要力于创新,建立起符合时代需求的规则体系,让人们对规则树立起信心,让人们有规则可守。比如,对于人们反映强烈的司法不公问题,中国共产党和政府已经以合法合理、及时高效、程序公正等原则为行动原则,出台了很多具体有效措施,预防各种司法腐败。

三、公平正义的基石:建设更公平更开放的新型户籍制度

以户口迁移制度改革为核心,建立更公平、更开放的新型户籍制度,让与户籍相关的社会不公现象成为过去时,还现代户籍制度以本来面目,是促进社会公平正义的基础性工程。

第一,触动敏感神经:户籍制度改革引起高度关注。

从个人角度来看,户籍是老百姓的"命根子"。在中华人民共和国成立后,我国借鉴苏联东欧的通行证制度,长期实行"行政审批"式的人口迁移管理方式,时至今日,户籍与老百姓的生老病死、衣食住行直接相关。义务教育、就业安置、保障房分配、公费医疗、工伤保险、养老保险以及城市居民最低生活保障制度等,都直接或间接跟户口性质相挂钩。可以说,户口本虽薄,却承载着几代中国人的悲欢离合,映射出千家万户的喜怒哀乐,必然会被聚焦被关切。

第一章　社会建设：让人民生活幸福安康

2014年国务院发布《关于进一步推进户籍制度改革的意见》

从社会角度来看，户籍是测量社会正义的"公平秤"。我国现行的户籍制度将社会成员人为地划分为不同人群，进而提供有差别的社会福利，如同工不同酬、高考指标分配不均、社会保障水平差别巨大，这些都与基本的公平原则相悖。可以说，户籍制度改革的推进程度在一定程度上就意味着社会公平正义的实现程度。

从改革全局角度来看，户籍是推进各项改革的"总阀门"。我国现行的各项经济社会制度大都是以户籍制度为基础构建起来的，户籍制度是"根目录"，户籍这个阀门不开闸放水，产业转移、土地制度、社保制度、财税制度及社会治理制度等重点领域的改革都无法彻底推进。可以说，户籍制度改革成败直接关系着全面深化改革能否顺利推进，必然被党和政府及全国老百姓摆在关键位置。

如果从1984年国务院发布《关于农民进入集镇落户问题的通知》算起，我国的户籍制度改革已经推行了三十多年。积沙成塔，集腋成裘。目前我国的大中小城市与小城镇的户籍制度都出现了不同程度的松动甚至是放开，改革成效显著。

当前的中国户籍制度改革仍然面临"三大难"。

一是观念更新难。在改革开放以前的二十多年至二十世纪八九十年

017

代，严格的户籍管理制度曾经发挥了巨大的正面作用，如快速积累了现代化所需要的各项原始资源，保证了城市用工需求和社会稳定等。因此，在观念上制度还有惯性作用，有些人依然存在明显的城市中心主义偏向，认为当务之急是保持城市的稳定和繁荣，如果进行户籍制度改革，让农民"一窝蜂"进城，必然会重蹈一些国家城镇化进程中出现的"贫民窟""失业潮"等覆辙，让"三农"问题演变成"城市问题"，即使城乡二元体制消解，也必然会带来众多的新的结构性问题。这种观念根深蒂固，直接阻碍了城乡壁垒这块坚冰的彻底消融。

二是利益剥离难。户籍制度本身的改革并不难，难在户籍制度所附加的各种利益剥离难。我国户籍的产生可追溯到夏商时期。《史记》载："禹平水土、定九州、计民数"，殷商甲骨文中也有多处"登人""登众"的记载，历代王朝户籍管理制度一直延续不断。目前，很多发达国家也有类似户籍管理的制度规定，如很多西欧国家都有"生命登记""民事登记"或"人事登记"等，美国实行的是社会保障号制度，日本实行"户籍随人走"的政策。但从中国历史和世界其他国家的现状来看，户籍制度都是一项单纯的社会管理技术，而当代中国的户籍制度则附加了众多的利益，但是"触动利益比触动灵魂还难"，要对利益进行剥离阻力重重。譬如，一些城市害怕农民市民化带来的福利供给压力过大，一些发达地区不想改变"只用青春不养终身"的用人制度，一些农民希望在成为市民后还能完全保留做农民的各项权益，等等。

三是配套改革难。当代中国的户籍制度是中华人民共和国成立后各项具体制度建设的"元制度"，是存储各项具体制度的"根目录"。"根目录"改革，必然会要让各个"文件夹"大搬家，甚至是出现被格式化的风险。在农村土地制度改革、城市教育、就业、社保、医疗、住房等具体制度方面，农业转移人口与异地就业城镇人口之间、早期农民工与新生代农民工之间、城镇当地居民与流动人口之间、发达地区与欠发达地区，甚至大城市和中小城市之间的改革愿望和诉求都迥然相异，这些具体制度自身的改革进程也各不相同。

第二，蹄疾步稳推改革：当前和未来我国户籍制度改革方向。

加快户籍制度改革，是实现亿万农业转移人口"市民梦"的基本渠道。党的十八届三中全会和党的十九大明确提出，遵循规律、因势利导、统筹配套、有序推进，到2020年，基本建成城乡统一的、以合法稳定住所和合法稳定职业为户口迁移基本条件、以经常居住地登记户口为基本形式的新型户籍制度。未来的改革既要"蹄疾"，又要做到"步稳"，以"不积小流无以成江海，不积跬步无以至千里"的精神，确保新型户籍制度改革的各项目标顺利实现[①]。

"三项原则"是基准。原则之一是"自愿"。户籍制度改革的根本目的是促进社会公平、增进人民福祉。要充分尊重人们自主定居的意愿，要不要进城、进哪个城、何时进城，都要人们自主选择，不能把农业转移人口"拉进城""被落户""被上楼""被市民化"。原则之二是"分类"。国家层面做出政策安排、明确总体要求，由各地根据不同地区资源环境综合承载能力和发展潜力，各地要因地制宜，研究制定差别化的落户政策和实施方案，让农业转移人口及其他常住人口了解不同城市的落户条件，合理安排自己的未来，给大家稳定的预期和希望。同时，重点解决三类群体的落户问题，即优先解决进城时间长、就业能力强、可以适应城镇产业转型升级和市场竞争环境的人口落户问题，不断提高高校毕业生、技术工人、职业技术院校毕业生等常住人口的城镇落户率，努力满足各类人才、技术骨干和有贡献人员的落户需求。原则之三是"有序"。要立足于我国正处于社会主义初级阶段和人口大国的基本国情，遵循城镇化发展规律，既要积极，又要稳妥，更要扎实，尤其是要做到

---

① 国务院：《关于进一步推进户籍制度改革的意见》，2014年7月24日。

"不刮风"、"不冒进"、不搞运动式城镇化，不片面追求形式、追求城镇化率等。

剥离福利"做减法"。通过祛除不正常的福利拉平不同人群之间的户籍福利差异，为户籍制度减负释压。2013年2月，国家发展改革委等三部委出台的《关于深化收入分配制度改革的若干意见》提出，要实行全国统一的社会保障卡制度、全国统一的纳税人识别号制度、全民医保体系、农业转移人口市民化机制等，努力实现城镇基本公共服务常住人口全覆盖。党的十八届三中全会通过的《决定》和党的十九大进一步指出，要统筹城乡义务教育资源均衡配置，破解择校难题；实现基础养老金的全国统筹，整合城乡居民基本养老保险制度、基本医疗保险制度；推进城乡最低生活保障制度统筹发展，统筹城乡基础设施建设和社区建设，推进城乡基本公共服务均等化。随着这些政策的逐步落实，附加在户口上的社保、住房、子女教育等利益正在不断剥离。

强化服务"做加法"。户籍制度改革要进一步强化服务，展现户籍制度的现代色彩，恢复户籍制度本来面目。首先要做到"底数清"，逐步建立覆盖全国人口的国家人口基础信息库，摸清底数，服务才能有的放矢。其次要做到"基础实"。基础不牢，地动山摇。在"单位人"日益被"社会人"所取代的大背景下，要夯实社区，强基固本。要让社区不仅是人口居住和生活的主要场所，更要成为人们心灵皈依的家园。当前，中国共产党和政府正在大力完善社区服务功能，逐步建立起覆盖社区全体成员、服务主体多元、服务功能完善、服务质量和管理水平较高的社区服务体系。第三是服务新。要重点突出，创新服务内涵。当前，中国共产党和政府在强化传统公共服务如就业服务的基础上，不断添加新的服务内容，在普及居住证制度的基础上，不断增加加载在居住证上的功能和优惠服务项目，如幼儿免费疫苗接种，婚前免费检查，老人免费体检、乘车优待、旅游景点门票优惠等，对居住证进行"积分制"管理，强化服务功能，逐步推行居住证和户籍的有效对接，建立常住人口与流动人口转换的顺畅通道。

第三，搭建通向大都市的幸福阶梯。

对于大城市和特大城市的户籍制度改革，一个普遍认识是"不放开不合理，全放开不现实"，因为任何公共政策的出台，一个必要前提就是"当期可承受、长期可持续"。这些城市普遍存在人口增长与资源、环境之间矛盾加剧，空气污染、交通拥堵等"城市病"，承载压力过大，需要减压。

如果说过去的户籍制度是竖立在农民和市民之间的一道"大坝"，那么大坝封闸，坝外滴水皆无，已经完全不合时宜；而炸掉大坝，也会让上游干涸、下游泛滥成灾，因此大城市和特大城市户籍制度改革总体方针是阶梯式开闸放水，以渐进式改革为主，合理确定大城市落户条件，严格控制特大城市人口规模。

一方面，分段开闸细水长流。通过确定一定门槛来实现户籍的转变，结合世界各国的基本经验，最基本的条件是合法稳定住所和合法稳定职业。对于大中城市而言，要从权利、义务和分梯度筛选等三个方面来实施，构建出流动人口融入城市的畅通渠道。基本思路是，以"权利和义务对等"为基本原则不断扩大开放程度，即对城市贡献大，在城市中获得的权利多，积极研究、制定和执行放宽农民进城落户的相关政策。为此，要进一步实施和总结积分制落户办法，将教育水平、技术资格、工龄、社保缴纳年限等作为积分内容，优先考虑将劳模、农民工高级技能人才等优秀分子转变为市民；还可以考虑在稳定的居所、职业的稳定性、社会保险交纳年限、纳税记录、学历和职业技能高低等方面制定标准，通过积分制使符合条件的农民转入当地城市户口，享有与当地市民平等的待遇。

另一方面，基本公共服务全覆盖。对于不愿或不能成为大城市或特大城市常住人口的，要建立实施居住证制度，使其能够公平地享受城市的基本公共服务。把流动人口服务和管理工作纳入当地的经济社会发展规划之中，在财政、金融、土地、社会保障、公共服务等各个方面体现出来。建立健全与居住年限等条件相挂钩的基本公共服务提供机制，解决好暂不具备落户条件或者不愿落户城镇的流动人口当前面临的突出问题。以公办学校为主接收流动人口子女就学，并与当地学生同收费、同管理；积极为流动人口提供计划生育服务。多渠道改善流动人口居住条件，规范出租房屋市场，逐步把流动人口纳入城市住房保障体系，让他们分享保障性住房大发展带来的改革成果。

从2017年1月1日起北京市积分落户办法施行，中国户籍管理最为严格的北京市开始正式实施积分落户政策。在此之前，广东省和上海市都已经开始实施积分入户政策。据北京市人力资源和社会保障局相关负责人介绍，北京积分落户申报可用"498"来概括，分别指的是4项资格条件、9个积分指标和8个经办步骤。其一，4项资格条件是指，申请人需持有北京市居住证、不超过法定退休年龄、在京连续缴纳社会保险7年及以上，且无刑事犯罪记录。4项条件缺一不可。其二，9个积分指标分别是指：合法稳定就业指标、合法稳定住所指标、教育背景指标、职住区域指标、创新创业指标、纳税指标、年龄指标、荣誉表彰指标、守法记录指标。其三，8个经办步骤包括了系统注册、关联单位、积分填报、确认提交、数

2018年4月11日，北京市发布《北京市积分落户操作管理细则》，4月16日起开始申报。

据比对、查看初核结果、复查及现场审核、发布及公示。每年申报一次，2018年申报阶段结束后政府相关部门将展开核查和复查，然后北京市将根据实际申请人员积分情况，统筹考虑城市承载能力和人口调控目标要求，合理划定落户分值，确定落户规模，并公布落户分值和拟落户人员信息。

从总体上看，依以上原则进行梯度划分，是一种各利益相关方都能够接受的制度安排，它体现了城市社会对初到城市的外来务工人员的接纳、包容和鼓励，对于已经为本地区发展做出多年贡献的外来务工人员而言也是一种公平的制度设计，对原来的城市市民的冲击相对也较小，其心理接纳程度较高，因此这一做法符合公平性和城市发展的可持续性原则。未来只要能够保证流动渠道的规则是公平的，那么所有农民工都可以借此自愿地进行身份转变，农民工、新生代农民工、外来务工人员等概念都将会退出历史的舞台，被后人所淡忘。

长风破浪会有时，直挂云帆济沧海。到2020年我国新型户籍制度基本成形后，长期矗立在城乡居民心理上的户籍身份这堵无形的"隔离墙"会轰然坍塌，户籍制度作为一种现代人口服务管理制度的色彩将全面显现，届时户籍制度将会成为人们争取人生出彩的机会、梦想成真的机会的重要保障。

公平而有质量的教育

党的十八大以来,中国教育取得了举世瞩目的成就,基本上实现了"学有所教"的目标,人民群众对教育的需求从"有学上"向"上好学"转变。然而,由于经济区域发展不平衡,优质教育质量分布不均,中国教育发展不平衡不充分的问题仍然存在。正如习总书记所强调的:"教育公平是社会公平的重要基础,要不断促进教育发展成果更多更公平惠及全体人民,以教育公平促进社会公平正义。"① 当前,中国正举全民之力办好人民满意的教育,促进教育公平,让每个人都有平等机会通过教育改变自身命运、成就人生梦想。

---

① 《习近平在北京市八一学校考察时强调　全面贯彻落实党的教育方针　努力把我国基础教育越办越好》,中央政府门户网站,2016年9月9日。

第一节
百年树人：教育是民族复兴的基础工程

十年树木，百年树人。党的十九大报告指出，"建设教育强国是中华民族伟大复兴的基础工程，必须把教育事业放在优先位置，加快教育现代化，办好人民满意的教育"。教育事业是一项基础性的工程，在提高国民素质、促进人的全面发展、释放人口红利等方面起着基础性作用。中国正在优先优质发展教育，从而为社会主义现代化建设，为实现中华民族伟大复兴奠定坚实的人力、智力基础。

一、教育优先：保障教育事业的公益性

《学记》有言："建国君民，教学为先。"教育是提高人民综合素质、促进人的全面发展的重要途径，是民族振兴、社会进步的重要基石，是对中华民族伟大复兴具有决定意义的事业。把教育作为一个基础性的工程来对待，引导教育学生树立正确的历史观、民族观、国家观和文化观，既可以打牢、增强做中国人的骨气和底气，又可以为实现中华民族伟大复兴培育栋梁之材。

百年大计，教育为本。十八大以来，国家财政性教育经费占国内生产总值的比例始终保持在 4% 以上，为教育事业全面发展奠定了基础。经过多年奋斗，中国教育事业全面发展，教育不公平状况不断改善，中

西部和农村教育明显加强。截至 2018 年底，中国拥有世界最大的教育规模，全面普及了九年义务教育，基本普及了高中教育，接近高等教育大众化水平。习近平总书记在十九大报告中，谈及"提高保障和改善民生水平，加强和创新社会治理"部分，首先谈到的就是"优先发展教育事业"。习近平总书记指出："'两个一百年'奋斗目标的实现、中华民族伟大复兴中国梦的实现，归根到底靠人才、靠教育。源源不断的人才资源是我国在激烈国际竞争中的重要潜在力量和后发优势。"①

教育事业是一项公益性事业，投入大、周期长、见效慢。正如教育部长陈宝生在答记者问时说的那样，"教育改革和教育一样，是慢变量"，施政方针要立足于眼下，也要着眼于未来，持续推进教育改革开放。党的十九大报告强调坚持以人民为中心，坚持在发展中保障和改善民生，在幼有所育、学有所教持续取得新进展方面提出更高要求，对优先发展教育事业相关重点任务进行新的重大部署。当前，学前教育问题是一个"硬骨头"，存在着入园难、入园贵、幼儿教育小学化等问题，迫切需要解决好婴幼儿照护和儿童早期教育服务问题，补齐 0~3 岁的托幼教育这一块短板。

二、立德树人：培育社会主义核心价值观

人民有信仰，国家有力量，民族有希望。习近平总书记在多次讲话中强调立德树人的重要性，指出："基础教育是立德树人的事业，要旗帜鲜明地加强思想政治教育、品德教育，加强社会主义核心价值观教育，引导学生自尊自信自立自强。"中国深入培育和践行社会主义核心价值观，加强中华优秀传统文化教育和革命传统教育。

---

① 习近平：《决胜全面建成小康社会 夺取新时代中国特色社会主义伟大胜利》，2017年 10 月 18 日。

社会主义核心价值观是当代中国精神的集中体现，凝结着全体人民共同的价值追求。党的十九大报告指出，要以培养担当民族复兴大任的时代新人为着眼点，强化教育引导、实践养成、制度保障，发挥社会主义核心价值观对国民教育、精神文明创建、精神文化产品创作生产传播的引领作用，把社会主义核心价值观融入社会发展各方面，转化为人们的情感认同和行为习惯。中共中央党校教育长罗宗毅认为，社会主义核心价值观的提出，实际上回答了我们要建设什么样的国家、建设什么样的社会、培育什么样的人的问题。"青年一代是国家的未来，只有不断增强责任感，才能担当时代大任，成为中国特色社会主义合格建设者和可靠接班人。在中国特色社会主义新时代，以社会主义核心价值观为抓手培育时代新人，能够有效明确和增强时代新人的时代责任。"

学校应当坚持把立德树人作为中心环节，把思想政治工作、德智体美素质教育贯穿教育教学全过程，实现全程育人、全方位育人。党的十九大报告指出，要全面贯彻党的教育方针，落实立德树人根本任务，发展素质教育，培养德智体美全面发展的社会主义建设者和接班人。2018年3月12日是中国第40个植树节，在三门峡会兴德育教育基地，

张丁华老人正在给孩子们讲解碑文

85岁的张丁华老人正在给孩子们讲解碑文，教育他们立德、立志，为新时代中国特色社会主义建设做贡献。张丁华老人捐出宅基地，建起新兴农民工子弟学校劳动教育实践基地。在张老的捐赠筹建下，会兴德育教育基地目前已有树木1600余棵，石碑41块，其中的17块碑上写着十九大报告精神、正气歌等，作为会兴街道办及新兴农民工子弟学校的德育教育素材。

三、中国底色：弘扬中华优秀传统文化

中华优秀传统文化，是中华民族宝贵的精神财富，是凝聚民族认同的"共同记忆"，也是中华民族赖以生存、共同发展的根脉和灵魂。正如习近平总书记所说，"泱泱中华，历史悠久，文明博大。中华民族在几千年历史中创造和延续的中华优秀传统文化，是中华民族的根和魂"。传统文化和美德对于丰富人的精神生活，提高人的文明素养，促进人的全面发展，形成良好的社会风尚，具有不可替代的作用。

十九大报告指出，中国特色社会主义文化，源自于中华民族五千多年文明历史所孕育的中华优秀传统文化。应当深入挖掘中华优秀传统文化蕴含的思想观念、人文精神、道德规范，结合时代要求继承创新，让中华文化展现出永久魅力和时代风采。从2018年秋季学期开始，中国执行新的课程方案和标准，在传统文化教育、革命传统教育等方面进一步加强。语文课标里要求课内必读书目中，传统的经典作品必须占1/2以上。此外，美术、音乐、体育与健康、数学等课标都增加了有关传统文化教育内容。如美术课标增设"中国书画"，内容涉及中国传统绘画、书法、篆刻等经典作品欣赏及传统画论，促进学生坚守中国文化立场，增强文化自信。《记住乡愁》是中华优秀传统文化传承发展工程的项目之一，2018年1月2日，《记住乡愁》第四季在中央电视台中文国际频道首播，截至2月23日，前37集观众达10.21亿人次，全球网络点

"华夏乡村儿童启蒙教育项目"第十六期培训合影

击量26.42亿次。

习近平总书记在考察北京大学时曾强调："办好中国的世界一流大学，必须有中国特色。没有特色，跟在他人后面亦步亦趋，依样画葫芦，是不可能办成功的。这里可以套用一句话，越是民族的越是世界的。"办好中国特色社会主义现代化教育必须要有中国底色，那就是中华优秀传统文化。中国拥有博大精深的戏曲艺术瑰宝，为了发扬此艺术，传承经典，中国开展全国地方戏曲剧种普查，推动戏曲进乡村进校园，组织全国基层院团戏曲会演，实施戏曲振兴工程。2014年，国家行政学院张孝德教授在自己的家乡山西长治关头村，发起了"华夏乡村儿童启蒙教育项目"。经过多年探索，形成了让儿童可以终生享用、一生幸福、迈向未来的源于"三亲教育"的"三心教育"。该教育秉承传统文化是魂，乡村教育是根，自然是儿童修德开慧的第一老师等理念，汲取中国古代礼乐启蒙教化之精华、秉承陶行知乡村平民教育理念、借鉴华德福人智学科学教育思想的基础，探索立于礼、成于乐、源于人性、符合人道的中国式乡村儿童教育新模式。

四、科教兴国：以教育现代化支撑国家现代化

习近平总书记强调："教育决定着人类的今天，也决定着人类的未来。人类社会需要通过教育不断培养需要的人才。"[1] 时代越是向前，知识和人才的重要性就愈发突出，教育的地位和作用就愈发凸显。他要求"坚持科教兴国战略和人才强国战略，坚持把教育放在优先发展的战略位置"。抓住"为谁育人、育何样人、如何育人"这个根本，为社会提供源源不断的人才和智力支持，以教育现代化支撑国家现代化。

1977年，邓小平在科学和教育工作座谈会上提出："我们国家要赶上世界先进水平，从何着手呢？我想，要从科学和教育着手……不抓科学、教育，四个现代化就没有希望，就成为一句空话。"1995年，中国首次提出在全国实施科教兴国的战略。江泽民指出："科教兴国，是指全面落实科学技术是第一生产力的思想，坚持教育为本，把科技和教育摆在经济、社会发展的重要位置，增强国家的科技实力及实现生产力转化的能力，提高全民族的科技文化素质。"在科教兴国战略指导下，中国教育总体实力和国际影响力显著增强，推动中国迈向人力资源强国和人才强国行列。"双一流"（一流大学和一流学科）建设是提升中国高等教育水平的重大举措，是继"211工程""985工程"之后的又一国家战略。学术研究水平是一流大学的核心竞争力，"双一流"建设将促进高校面向国际学术前沿、面向国家重大战略需求，不断提升创新能力，努力创造高水平的研究成果。

当今国际竞争的实质是以经济科技实力为基础的综合国力的较量，能否在科技发展上取得优势，将最终决定该国在国际上的地位，而国际竞争归根到底是科技和人才的竞争。中国作为发展中的赶超型国家，想

---

[1]《习近平在北京八一学校考察时的讲话（2016年9月9日）》，《人民日报》，2016年9月10日。

第 31 届全国青少年科技创新大赛开幕

要实现弯道超车,快速提高综合国力,必然要重视教育,培养人才,发展科技,实施科教兴国战略。十八大以来,中国共培养输送了近八千万高校和中职毕业生,人力资本总量大幅提升。党的十九大报告指出,要"坚定实施科教兴国战略",并指出要"培养造就一大批具有国际水平的战略科技人才、科技领军人才、青年科技人才和高水平创新团队"。1979年开始创办的全国青少年科技创新大赛,集中展示了中国中、小学各类科技活动优秀成果,推动了青少年科技活动的蓬勃开展。科技大赛的举办,有助于培养青少年的创新精神和实践能力,提高青少年的科技素质,同时也提高科技辅导员队伍的科学素质和技能,推进科技教育事业的普及与发展。

强国之本,重在教育。少年志则国志,少年强则国强,教育是国之根本,决定着国家未来的发展。习总书记强调:"教育决定着人类的今天,也决定着人类的未来。基础教育在国民教育体系中处于基础性、先导性地位,必须把握好定位,全面贯彻落实党的教育方针,从多方面采取措施,努力把我国基础教育越办越好。"

第二节
党的十八大以来中国教育发展成就

党的十八大以来,以习近平同志为核心的党中央坚持把教育摆在优先发展的战略地位,对教育工作做出一系列重大决策部署,使得我国教育事业有了很大的发展。中国坚持把促进人的全面发展、适应社会需要作为衡量教育质量的根本标准,注重教育综合性改革,以改革激发活力注入动力,加速推进教育现代化,增强人民对教育获得感,加强中国教育的国际影响力。中国特色社会主义教育发展道路在实践中不断探索、不断完善,焕发出强大的生命力,实现了中国从人口大国向人力资源大国的历史性转变。

一、教育改革不断深化

教育要发展,根本靠改革。党的十八大以来,随着一批标志性、引领性的教育改革方案出台,中国教育新体制的框架已经基本搭建起来,形成了拥有"四梁八柱"般结构完善的顶层设计,教育改革的成效也在逐步显现。高考制度改革、"双一流"建设、"放管服"改革、扩大省级政府教育统筹权、乡村教师支持计划、面向农村和贫困地区定向招生专项计划等改革措施不断推进落实,改革的红利不断显现。

高考制度改革可以说是教育综合改革的"牛鼻子",在牵引教育领域改革的同时,取得了一系列新突破。2016年,上海市率先改进高校

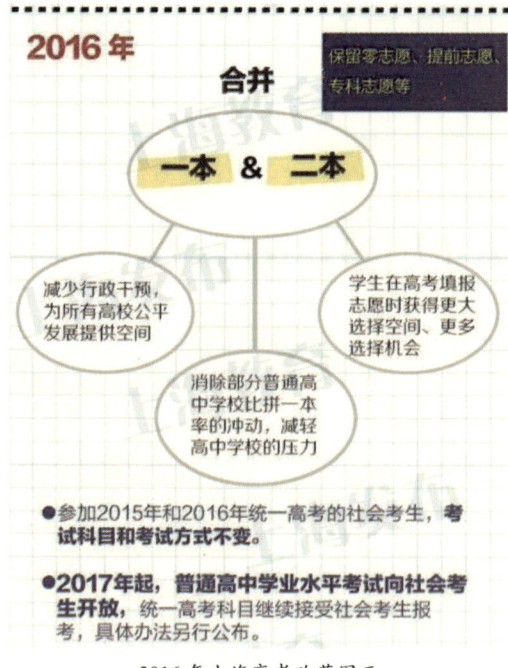

2016年上海高考改革图示

录取模式,合并本科第一、第二招生批次,每个学生可填报10所本科院校的60个专业志愿。合并一本、二本是行政放权之举,减少了一本高校对政府行政力量的依赖,高校必须面对市场竞争,通过自身办学质量赢得考生和家长认可。合并一本、二本不仅有利于形成各高校公平竞争的环境,赋予考生充分的专业选择权,还可以减缓高中"一本率"的升学压力,激发高中与高校办学活力。此后,上海高考改革经验将继续向全国推广,并全面启动自恢复高考以来最系统、最全面的一次改革。2016年4月,李克强总理在高等教育改革创新座谈会上提出,要加快推进高等教育领域"放管服"改革。教育的"放管服"是指简政放权、放管结合、优化服务。"放管服"改革赋予高校更多的话语权、自主权,鼓励高校能够根据多元的社会需求去设定专业、引进教师、制定培养方案等,是去除高校行政化的有益探索。"放管服"改革要求明确权利清单,尤其是审批权,简化审批服务中的各种"要件"、程序、环节等,切实方便学校和群众办事。

最近几年,多项利教惠师政策落地,国家贫困地区乡村教师工资福利待遇明显增加。2015年,网友晒出的一张普通乡村教师工资条引发社会热议,"这位老师从教30年,副高职称,2010年每月工资是2522元,2012年是2878元,2014年涨至3438元,2015年有5506元"。2015

年国务院办公厅颁布了《乡村教师支持计划（2015—2020年）》，不断改善乡村教师的工作生活条件，鼓励有志青年投身乡村教育事业，逐步形成"越往基层、越是艰苦，地位待遇越高"的激励机制，以及充满活力的乡村教师使用机制。从2007年开始，中国在教育部直属师范大学实行师范生免费教育，师范生四年在校学习期间免缴学费、住宿费并由省级教育行政部门负责落实教师岗。免费师范生入学前要与学校和生源所在地省级教育行政部门签订协议，承诺毕业后从事中小学教育10年以上。到城镇学校工作的免费师范毕业生，应先到农村地区学校任教服务2年。国家鼓励免费师范毕业生长期从教、终身从教[①]。

二、教育现代化加速推进

教育现代化是一个国家教育发展的较高水平状态，是对传统教育的超越，它包括教育观念、教育体系、教育内容、教育装备、教育体制和

2012—2016年，国家财政性教育经费支出

---

① 国务院：《教育部直属师范大学师范生免费教育实施办法（试行）》，2017年5月9日。

师资等诸多方面内容。十八大以来，现代化教育理念不断深入，教育创新能力明显提升，创新型、复合型、应用型和技术技能型人才培养水平都得到显著增强，学生德智体美素质能力全面提高，为我国教育总体实现现代化、进入创新型国家前列奠定坚实基础。

党的十八大以来，中国不断加大教育经费投入，为教育现代化提供物质保障。2016年，中国教育经费总投入为38 866亿元，由2万亿元突破了3万亿元大关，正在迈向4万亿元大关。随着宽带网络校校通的迅速发展，全国中小学互联网接受率从2012年的25%上升到90%，学校网络教学环境明显改善。学校网络教学环境提升的同时，优质资源班班通正不断深化，"一师一优课、一课一名师"活动参与教师超过1500万人次，形成优课素质资源1300万场。浙江省在转变教育理念、强化教育内涵的同时，力争全面实施智慧教育工程。利用信息技术改变教学模式，打造智慧校园；私人订制个性化课程；创客教育培养学生创造力等全面提升教育现代化水平等举措，为全国教育改革发展提供浙江经验。

党的十八大以来，教育系统取得的重大科研成果获国家三大奖的比例稳定在2/3以上，这为提高教学质量提供了坚强的支撑，有力地支撑了创新驱动战略的实施。2017年，中国优化高等教育结构，加快"双一流"建设，公布一流大学42所，一流学科建设高校95所，建设学科共459个，作为人才培养的基地，科技创新的源头。慕课（MOOC），英文直译"大规模开放的在线课程(Massive Open Online Course)"，是新近涌现出来的一种在线课程开发模式。MOOC在中国获得了很大关注与广泛运用。据统计，中国有关高校和机构自主建成10余个国内慕课平台，460余所高校建设3200多门慕课上线，600多万人次大学生获得慕课学分，5500万人次高校学生和社会学习者选修慕课，中国慕课数量现已稳居世界第一。

三、人民对教育获得感不断增强

党的十八大以来,中国努力形成惠及全民的公平教育,不断增强人民群众的获得感。党和政府通过教育帮助个体实现自我发展,帮助贫困地区脱贫致富,促进社会纵向流动;建立起了从幼儿园到大学,覆盖各学段的资助体系,统一城乡学生"两免一补"政策,实现相关教育经费可携带,保障农民工子女平等的受教育权利。

教育部门坚持"一个都不能少"的原则,加强对农村贫困地区、少数民族地区的投入,免除普通高中建档立卡家庭经济困难学生学杂费,没有一个孩子因家庭困

北京郊区怀柔实验小学的学生们在教室里开心地展示新课本

难而辍学的目标基本实现。2016年,受助学生超过9000万人次,资金超过1600亿元,进一步健全覆盖各级各类教育的家庭经济困难学生资助体系。农村义务教育学生营养改善计划每年惠及3600万贫困地区学生,学生营养状况明显改善,国际社会给予高度评价。与此同时,中国不断扩大残疾人受教育机会,视力、听力、智力残疾三类残疾儿童义务教育入学率达90%以上。

民办义务教育阶段学校按照生均公用经费基准定额享受补助,补助经费一律直接发给学生或家长。学生学籍有变化的学校,要及时予以办理学籍转入转出手续,确保"钱随人走"。在继续落实好农村学生"两免一补"和城市学生免除学杂费、寄宿生给予生活费补助政策的同时,向城市学生免费提供教科书并推行部分教科书循环使用制度。2017年,

中央财政下发免费教科书补助资金149亿元，比上年增加39亿元，增长35.45%，惠及全国城乡所有义务教育阶段1.43亿中小学生。进城务工人员随迁子女就学保障和农村留守儿童关爱服务体系不断完善，80%以上的农民工随迁子女可以在流入地公办学校就读，已有30个省（区、市）实现了符合条件随迁子女在流入地参加高考。2017年，随迁子女在当地参加高考，报名人数为15万人，是5年前的36.5倍。从2018年起，中央财政每年按照一定比例安排资金购买国家课程教科书，用于循环使用教科书的补充、更新。

四、中国教育的国际影响力不断加强

党的十八大以来，中国教育坚持主动服务国家开放战略，在国家开放大局中谋划教育新定位、展现教育新作为，全方位、多层次、宽领域的教育对外开放格局已经形成。中国教育的国际竞争力不断增强，国际影响力显著提升。在国际上引进优质教育资源、培养高层次人才、推动中外人文交流、服务"一带一路"建设等方面取得了突出成就。

当前，已有180多个国家和地区与中国建立了教育合作关系，46个重要国际组织与中国开展教育合作与交流，有47个国家和地区与中国签订了学历学位互认协议，建成一批示范性高水平中外合作办学项目和机构。成功建立中俄、中美、中欧、中英、中法、中印尼、中南非、中德8个高级别人文交流机制，人文交流已与政治互信、经贸合作一道成为中国外交的三大支柱。2016年，来自205个国家和地区的40多万人次留学人员在华学习，中国成为亚洲最大、全球第三的留学目的地国。

截至2017年6月，中国已在全球140个国家和地区建立了512所孔子学院，1074个中小学孔子课堂，各类学员达210万人。67个国家将汉语教学纳入国民教育体系，170多个国家开设汉语课程或专业，全

球境外学习使用汉语的人数达 1 亿……对汉语教学、中华文化的传播发挥了重要作用。2016 年 9 月 10 日，清华大学苏世民书院开学，迎来了从全球 31 个国家 3000 多名候选人中脱颖而出的 110 名学生。与此同时，中国大力加强国别研究，重视培养小语种人才，更好地服务"一带一路"建设。中国政府奖学金等引领性项目实施以后，"一带一路"沿线国家奖学金学生达 61%。

总之，党的十八大以来，中国教育事业取得了历史性成就，发生了历史性变化，总体发展水平已进入世界中上行列。随着教育改革的持续发力，中国教育红利持续上升，教育服务经济社会发展的能力明显增强。十八大以来，普通本科高校累计输送近 2000 万名专业人才，为中国高科技产业和战略性新兴产业发展注入新的动力与活力。中国作为一个发展中国家，在经济基础薄弱、人口众多的情况下，基本做到全国适龄儿童有学上、上得起学，努力实现更高水平的普及教育，为提高全民族素质、全面建成小康社会做出了重要贡献。

第三节
教育公平：不让孩子们输在起跑线上

党的十九大报告提出，经过长期努力，随着中国特色社会主义进入新时代，我国社会的主要矛盾发生了变化，已经转化为人民日益增长的美好生活需要和不平衡不充分的发展之间的矛盾。具体到教育领域，主要任务就是研究教育领域不平衡不充分的表现形式，抓主要矛盾，主动回应人民群众对教育的新期待,办好人民满意的教育。

一、调整教育结构,促进区域公平

党的十八大以来,中国教育结构调整取得了很大的进展,在地区布局、公平方面有了进展,在质量方面也有了提高。然而,由于区域经济发展不平衡,教育的地区差异明显,革命老区、民族地区、边疆地区、集中连片特困地区的教育资源仍然比较匮乏。在推动东部沿海地区率先实现教育现代化的同时,中国加大力气实施中西部高等教育振兴计划,努力在中西部建设一批有特色、高水平高校。

优化教育资源区域布局,加大对深度贫困地区教育扶持力度,新增教育资源重点向革命老区、民族地区、边疆地区、集中连片特困地区倾斜。习近平总书记多次指出,"让贫困地区的孩子们接受良好教育,是扶贫开发的重要任务,也是阻断贫困代际传递的重要途径"。[①]2018年,国务院颁布《深度贫困地区教育脱贫攻坚实施方案(2018—2020年)》,聚焦深度贫困地区教育扶贫,推动教育新增资金、新增项目、新增举措向"三区三州"倾斜,力争到2020年,深度贫困地区教育总体发展水平显著提升。

大力发展职业教育,增加中西部优质教育资源,提升教育发展综合实力,进一步缩小与东部发达地区差距。与此同时,加快发展民族教育,在政策、经费等方面向民族地区倾斜,民族地区教育面貌发生巨大变化。《实施方案》要求多种形式加强少数民族青壮年农牧民普通话培训,同步推进职业技能培训与普通话推广,解决因语言不通而无法就业创业的问题。西藏拉萨市大力发展职业教育,并结合西藏社会发展特殊的人才需求,建立了西藏自治区规模最大的中职学校拉萨市第二中等职业学

---

① 习近平:《在中央扶贫开发工作会议上的讲话》,2015年11月27日。

校，开设了一批极具特色的专业，如手工藏药制药、唐卡绘制、木工等，培养出一批适应西藏发展的技术型人才。该校 2016 年毕业生 792 人，

2017 年度拉萨市职业技能大赛

2017 年毕业生 1566 人，就业升学率均为 100％，就业学生平均月工资超过了 5000 元。为深入实施人才优先和"人才强市"战略，大力弘扬工匠精神，拉萨市多次举办职业技能大赛。2017 年度的比赛中涉及 8 个竞赛工种，来自拉萨市域范围内行业企业、职业院校的 306 名选手参赛。

二、办好农村教育，畅通纵向流动渠道

办好农村教育，畅通农村和贫困地区学子纵向流动渠道，是实现教育公平，不让孩子们输在起跑线上的关键举措。李克强总理指出，畅通农村和贫困地区学子纵向流动的渠道，让每个人都有机会通过教育改变自身命运。

为了全面改善贫困地区义务教育薄弱学校基本办学条件，中央财政还将继续实施农村义务教育薄弱学校改造计划、"国培计划"、乡村教师支持计划等，着力解决农村义务教育发展中存在的突出问题和薄弱环节。2010 年实施的"中小学教师国家级培训计划"，旨在提高中小学教师特别是农村教师队伍整体素质。2013 年，中国启动全面改善薄弱学校基本办学条件工程，覆盖全国 2600 多个县近 22 万所学校，规划投入资金 5000 多亿元，改扩建校舍 2.2 亿多平方米、体育运动场地 2.1 亿

河北省修建的农村寄宿制学校

平方米，购置教学仪器设备1000多亿元。2018年，河北省下达省级专项补助资金5.03亿元和奖励资金控制额度3亿元，用于中小学薄弱学校改造，建设农村寄宿制学校等。

为了促进教育公平，从2012年起，中国实行了对农村和贫困地区的专项招生计划，增加农村和贫困地区学子进入重点高校机会。自该计划实施以来，每年的招生人数不断增加，受惠学生由2012年的1万人扩大到2016年的9.1万人，累计招生37万人，覆盖所有农村、边远、贫困和民族地区，农村和贫困地区学生上重点高校人数连续增长。与此同时，实施国家支援中西部地区招生协作计划，中西部高校录取率最低的省份和全国平均水平的差距降到了4%以内。2017年高考录取中，国家、地方和高校三个专项计划共录取农村和贫困地区学生10万人，较2016年增加8500人，增长9.3%。

三、统一城乡义务教育，给城市"择校热"降温

义务教育具有强制性、免费性、普及性等特点，是中国一项重要的公共事业，也是脱贫攻坚的基础性事业。为统筹推进城乡义务教育一体化发展，2016年，国务院印发了《关于统筹推进县域内城乡义务教育一体化改革发展的若干意见》，提出推进县域内城乡义务教育一体化发展，城乡学校建设、教师编制、生均公用经费基准定额、基本装备配置"四统一"。

农村地区义务教育一直是中国教育的薄弱环节。党的十八大以来，为了全面改善农村地区和贫困地区义务教育办学条件，我国建立了覆盖全国2600多个县近22万所义务教育学校，被誉为"我国义务教育学校建设史上中央财政投资最大的单项工程"。2004年我国开始实施教育"两免一补"政策（免学杂费、免费提供教科书，对家庭经济困难寄宿生补助生活费），尤其是2006年开始全部免除农村义务教育阶段学杂费。农民工随迁子女在公办学校就读比例一直保持在80%以上，从2017年起随迁子女100%纳入了义务教育"两免一补"补助范围，实现相关教育经费可携带。

城市义务教育最大的一个问题就是学校之间的不均衡发展，存在重点学校和普通学校之分。由于不同学校硬件设施、师资力量、教学质量相差甚大，义务教育资源配置不合理，为了让孩子享受优质教育，社会上出现了"择校热"现象。2017年，中国深入推进义务教育免试就近入学，19个热点大城市"幼升小"就近入学率达到99%，"小升初"就近入学率达到97%，有关大数据抽样显示群众满意度接近90%。通过免试就近入学、划片规范入学和阳光监督入学等，更好地整合资源，实现师资流动、优势互补，让学生都能在家门口上好学校，从根本上缓解公众对优质教育资源稀缺的焦虑。

四、启动教育信息化2.0计划，实施网络扶智工程

当前，新一轮科技革命和产业变革正在兴起，人类社会正迈向以大数据、云计算、移动互联网、智慧物联网为主要标志的智慧化时代。在教育领域，通过教育信息化可以逐步缩小区域、城乡数字差距，大力促进教育公平。为此，中国将启动教育信息化2.0行动计划，重点实施宽带卫星联校试点行动、大教育资源共享计划、网络扶智工程，普及推广网络学习空间应用，加快发展基于互联网的教育服务模式。

2015年，在致第一次国际教育信息化大会的贺信中，习近平总书记指出，要用信息技术推动教育变革和创新，构建网络化、数字化、个性化、终身化的教育体系，建设"人人皆学、处处能学、时时可学"的学习型社会。党的十八大以来，全国中小学互联网多媒体教室比例从不到40%提高到80%，每百名中小学生拥有计算机从8台增长到12台。教育部连续开展了两轮"一师一优课，一课一名师"活动，参与教师超过1000万人次，累计晒课730多万堂，进一步扩大了数字教育资源。2012年，人大附中等名校参与成立"北京—宁夏—新疆三地四校远程互动教学直播"，通过联盟网共享优质教育资源，让二十余所边远贫困地区学校的学生与人大附中等四校学生共上一堂课。

《2018年教育信息化和网络安全工作要点》提出，要基本实现各级各类学校互联网接入和提速，接入带宽10M以上的中小学比例达到80%，多媒体教室占普通教室比例达到90%，拥有多媒体教室的学校比例达到90%。未来，中国要建成免费开放的基础数字教育资源，实现民族和边远贫困地区州县级学校教育信息化建设全覆盖，促进优质教育资源共享。全面提升教师信息技术应用能力，实现从少数人应用到普遍应用，从课外应用到课堂教学主战场应用，从展示性应用到日常性教学应用，真正发挥教育信息化的支撑引领作用，用信息技术改造传统教学，促进教育公平。

当前，我国人口老龄化加快、全面二孩政策实施，对教育供给、教育布局和教育结构提出新的要求。与此同时，城乡区域发展不平衡，消除贫困任务艰巨，迫切需要通过发展教育从根本上阻断贫困代际传递。教育公平是社会公平的重要基础，需要更加注重实现教育公平，进而提升人力资本素质，让亿万孩子同在蓝天下共享优质教育，通过知识改变命运。

第四节
教育质量：建设现代化教育强国

当前，中国经济发展正在步入新常态，经济结构从中低端转向中高端，创新驱动发展战略等都要求加快提升劳动者素质和受教育水平。同时，人民群众对教育的期待也越来越高、越来越多样化，过去人们是"想上学"，现在人们"想上好学"。这些都需要超前谋划、统筹考虑，实现教育质量型的转型，建设现代化教育强国。为此，教育部画出了未来教育蓝图，给老百姓奉上四大"教育红包"，并且敢于啃好教育领域的3块"硬骨头"。

一、统筹城乡教育，普及高中教育

党的十九大报告指出，要推动城乡义务教育一体化发展，高度重视农村义务教育，办好学前教育、特殊教育和网络教育，普及高中阶段教育，努力让每个孩子都能享有公平而有质量的教育。四大"教育红包"中前三个就与此相关，第一个红包：到2020年，学前教育（即幼儿园）毛入园率要达到85%，普惠性的幼儿园要占到幼儿园的80%以上。第二个红包：义务教育阶段，主要是均衡发展，标准化发展，一体化发展，着力化解"择校热""大班额"。到2020年，大班额必须完全消除。解决学生学业负担过重的问题，特别是要化解好学校减负、校外增负的问题。第三个红包：全面普及高中阶段教育。如教育部长陈宝生所言："我们正在打高中阶段普及攻坚战，到2020年，高中阶段毛入学率达到90%以上。高等教育毛入学率达到50%。"

现行高考模式为我国经济与社会发展遴选输送了大批人才，但应试教育、学生负担过重、择校等问题也屡被诟病。当前正在进行的高考制度改革是1977年恢复高考以来规模最大、涉及面最广、难度最艰巨的一次改革。习近平总书记曾三次主持重大会议研究高考改革方案，改变"一考定终身"的高考制度，努力让每个人都有人生出彩的机会。教育部长陈宝生表示，到2020年，我国将全面建立起新的高考制度。推进普通高中学业水平考试（简称"学考"）和学生综合素质评价，克服"一考定终身"，引导和促进学生全面发展。2014年秋季学期，浙江省对高一学生实行"高考不分文理科；统考只考语数外，外语可以考2次，其余科目6选3"，探索基于统一高考、高中学业水平考试成绩、参考综合素质评价的多元录取机制。

二、完善职业教育，深化产教融合

党的十九大报告指出，要完善职业教育和培训体系，深化产教融合、校企合作，实现高等教育内涵式发展。根据官方公布的数据，到2020年，新一代信息技术产业、电力装备、高档数控机床和机器人、新材料将成为人才缺口最大的几个专业，其中新一代信息技术产业人才缺口将达到750万人。为此，十九大指出，建设知识型、技能型、创新型劳动者大军，弘扬劳模精神和工匠精神，营造劳动光荣的社会风尚和精益求精的敬业风气。国家将大规模开展职业技能培训，注重解决结构性就业矛盾，鼓励创业带动就业。

2017年全国教书育人楷模当中，浙江舟山职业技术学校教师张赛芬是唯一当选的职教老师，她提出了"蓝金领"的概念。所谓"蓝金领"，是指蓝领专业、金领人才，即职校生能够承担起社会责任，为社会做出应有贡献，发挥专业技术特长，为自己赢得体面而有尊严的生活。张赛芬接受《人民日报》的采访时表示："我希望自己培养出的学生都是'蓝金领'。"当前，中国出台了"一带一路"、新型城镇化等战略规划，积极促进产业结构转型升级、城市功能优化调整。这些都提出了对新的人才，尤其是"大国工匠"的需求，同时也为"蓝领"升级为"蓝金领"提供了宏大的时代背景。

2014年，中国教育部高教司启动实施产学合作协同育人项目，以产业发展的最新需求推动高校教育教学改革。经过四年的发展，协同育人理念已深入人心，产教融合、产学合作的良好生态正逐步形成。下一步，教育部还将拓展实施产学合作协同育人计划，整合校内外资源，校企合作办学、合作育人、合作就业、合作发展，全面提升人才培养质量。2018年初，安徽省发布关于深化产教融合的实施意见，通过10年左右的努力，基本实现教育和产业统筹融合。安徽省将动手实践内容纳入中小学相关课程和学生综合素质评价，支持学校聘请劳动模范和高技术技能人才兼职授课，鼓励有条件的普通中学开设职业类选修课程，支持职业学校和公共实训基地的实习车间、实训工厂向中小学生开放。

三、提高教师素质，倡导尊师重教

党的十九大指出，要加强师德师风建设，培养高素质教师队伍，倡导全社会尊师重教。习近平总书记强调：百年大计，教育为本。教育大计，教师为本。国家繁荣、民族振兴、教育发展，需要我们大力培养造就一支师德高尚、业务精湛、结构合理、充满活力的高素质专业化教师队伍。四大"教育红包"中的第四个红包：研究出台加强教师队伍建设的意见，制定相关的政策措施，调动教师从事教育的积极性。

2018年，国务院印发了《关于全面深化新时代教师队伍建设改革的意见》（以下简称《意见》），强调"时代越是向前，知识和人才的重要性就愈发突出，教育和教师的地位和作用就愈发凸显"。《意见》设立了新时代教师队伍建设未来5年以及2035年的目标任务。第一个阶段，经过5年左右的努力，教师培养培训体系基本健全，职业发展通道比较畅通，事权人权财权相统一的教师管理体制普遍建立，待遇提升保障机制更加完善，教师职业吸引力明显增强。第二个阶段，到2035年，教师综合素质、专业化水平和创新能力大幅提升，培养造就数以百万计的骨干教师、卓越教师、教育家型教师。尊师重教蔚然成风，教师成为让人羡慕的职业。

尊师重教是中华民族的传统美德，可以说，没有"师"就没有"教"。《意见》指出要提升教师社会地位，加大教师表彰力度，大力宣传教师中的"时代楷模"和"最美教师"。开展国家级教学名师、国家级教学成果奖评选表彰，重点奖励贡献突出的教学一线教师。2017年9月10日，中国第33个教师节的主题是：迎接党的十九大，做好学生引路人。教育部联合有关部门对党的十八大以来涌现的优秀教师典型进行分层次、成系列的挖掘和宣传，组织开展向黄大年同志学习活动，推选新中国教育名家大师、2017年全国教书育人楷模，开展当代教师风采微视频展播，会同中央电视台开展"寻找最美教师"等活动，打造尊师重教的良好氛围。"2017寻找最美教师"大型公益活动颁奖晚会继承"尊师""重道"传统文化传播内核，聚焦"最美教师"生活的原貌，充分展现了中华民族伟大复兴这一历史时期教师们"立德树人，学为人师，行为世范"的时代风貌。晚会除了基础教育、高等教育、乡村教育、职业教育、特岗教育等领域外，还将评选范围扩大到海外的孔子学院教师、香港教师、体育教师和思想政治理论课教师，多维度多视角丰富获奖教师阵容。

四、打造未来教育，探索互联网＋教育

当今时代，互联网、大数据、人工智能等信息技术的飞速发展正悄

然改变着世界，越来越多的人工智能技术渗透到教育领域，颠覆了传统教育观念和教育方式。如今，"网络原住民"增多，互联网突破了课堂的边界、学校的边界、求知的边界，"万维空间"挑战"三尺讲台"。有必要启动教育信息化2.0行动计划，重点实施宽带卫星联校试点行动、大教育资源共享计划、网络扶智工程，普及推广网络学习空间应用，加快发展基于互联网的教育服务模式。

2018年，第三届未来教育高峰论坛在北京国家会议中心举办，会议以智能教育为主题，探讨人工智能对未来教育影响的理论与实践问题。同期举办的中国(北京)未来教育装备展示会，展示未来教育前沿学校实践探索的优秀成果，推广基于未来教育理念的未来学校建设技术解决方案和成功实践案例，打造在"互联网+教育"背景下的未来教育理论和实践探索的新平台。大会同期举办多场次专场专题论坛，诸如核心素养培养、中高考改革、学科建设改革、智慧图书馆发展、学前教育、节能创新以及学习空间重构等一系列热点专题。

2016年，中国教育信息化经费已超过2500亿，预计至2020年，教育信息化经费预算或将达到3500亿以上。随着学校信息化建设的逐步推进，教育信息化将在中国中小学教育中全面铺开，包括教育资源的数字化、网络化、智能化和多媒体化等。2012年，刘延东同志提出的"三通两平台"——"三通"指"宽带网络校校通、优质资源班班通、网络学习空间人人通"，"两平台"指"建设教育资源公共服务平台、教育管理公共服务平台"，通过"互联网+教育"，共享教育资源和信息。以互联网+教育为背景，人工智能为代表的一系列先进技术与教育的融合，将给学校带来结构性变革，有助于实现未来公平而有质量的教育。

五、构建终身教育，办好继续教育

随着知识经济时代的到来，教育日益向着整个社会和个人终身方向延伸，学习已经成为人们生存和发展的第一需求。为此，要办好继续教育，促进全民学习终身化，加快建设学习型社会，完善人人皆学、时时可学、处处能学的终身学习体系，大力提高国民素质。《国民经济和社会发展第十三个五年规划纲要》指出，要大力发展继续教育，构建惠及全民的终身教育培训体系。推动各类学习资源开放共享，办好开放大学，发展在线教育和远程教育，整合各类数字教育资源向全社会提供服务。

要走出学校教育"一亩三分地"，从学校教育向社会教育拓展，进一步构建起正规教育与非正规教育、普通教育与职业教育、职前教育与职后教育纵向衔接横向贯通的终身学习体系，让教育覆盖人的整个生命周期。要从投入上、制度建设上下更大功夫，提高教育体系的包容性、灵活性、可选择性。要以扩宽知识、提升能力和丰富生活为导向，稳步推进学历继续教育改革发展，大力发展非学历继续教育，特别是面向在职人员、社区居民、农民工、新型职业农民、退役军人等重点人群开展教育培训。职业培训、社会培训有明确的促进就业导向和经济发展目标，与行业企业联系更为紧密，发展空间广阔。2018年，江苏盐城市积极开展"盐城工匠"培育计划，为在职职工、紧缺工种带来职业培训全覆盖红利。推出企业在岗职工3年轮训计划，推进企业职工免费职业培训全覆盖。统筹实施产业技能大师培育计划、高技能人才培养"青苗计划"、急需紧缺高技能领军人才引进培养计划，提高从业人员中高技能人才比重。推行"招工即招生、入企即入校、企校双师培养"新型学徒制，对口培养产业适用型技能人才。

走出校门的成年人盼着有更多"充电"再学习的机会，2亿多老年人盼着老有所学、老有所成、老有所乐。2018年，杭州首家社区实体老年大学——运新老年大学举办春季开学典礼。这是杭州市第一家由社区主办，第三方专业社会组织承办的实体老年大学。目前，该老年大学共开设歌咏、葫芦丝、形体舞蹈、二胡、瑜伽、糕点烘焙、时装走秀、摄影、旅游文化等十余项课程，2018年春季各科已报名人数达300余人次。运新老年大学以增长知识、丰富生活、陶冶情操、促进健康、服务社区为宗旨，以丰富的教学形式和内容，来满足辖区老年居民的需求。

质量是教育的生命线。党的十八大以来，坚持德育为先、能力为重、全面发展，努力提供更加丰富的优质教育。未来，中国教育仍将面临诸多问题，需要通过谋划实施中国教育"奋进之笔"。《2018年度教育政策建议书》指出，中国教育发展已经由规模增长阶段转向高质量发展阶段，要将提高教育质量和促进教育公平同时作为教育政策基本核心价值取向，使人民群众共享"更高质量与公平、更加充分和现代化"的教育普惠。随着经济全球化深入发展，新一轮科技革命和产业变革蓄势待发，创新成为大国竞争的制高点，人才竞争愈加激烈，需要更加注重加强教育和提升人力资本素质。力争到2049年，中国教育稳稳地立于世界教育的中心，引领世界教育发展的潮流，为世界教育提供中国方案、中国智慧。

第三章
充分而有尊严的就业

就业是民生之本。习近平指出,"就业是最大的民生工程、民心工程、根基工程"①。按照当前中央精神和政府出台的政策,从性质来看,我国的就业具体包括他雇性质的就业和自主创业两个方面。从目标来看,是要实现充分而有尊严的就业,具体包括两个层次的目标,即在实现充分就业的基础上,更多地在和谐体面就业方面着力,让想要工作的人都有一份有尊严的工作。

---

① 习近平:《在第二次中央新疆工作座谈会上的讲话》,2014 年 5 月 28 日。

第一节
党的十八大以来中国就业工作的成就与现状

人人都有一个饭碗，一个令人满意而且有尊严感的饭碗，是保障和改善民生的头等大事。对于个体人来讲，"有个饭碗"、能够实现就业是最基本的生存需求；对于国家来讲，让老百姓都"有个好饭碗"，实现充分就业则是缓解社会矛盾、维护社会稳定、推进经济社会健康发展的基本途径。

早在2001年在全球就业论坛上，国际劳工组织就提出，工作是人们生活的核心。不仅是因为世界上很多人依靠工作而生存，它还是人们融入社会、实现自我以及为后代带来希望的手段。因为一个就业岗位包含着一定的经济资源、一定的社会声望，甚至是一定的政治权力；获得一个工作岗位后，个人就可以据此进行各种社会交往，确定自己在社会中所处的位置，提升自信心，赢得他人的尊重。反之，"无恒业者无恒产，无恒产者无恒志"。一旦失业，劳动者失去的也不仅仅是一份工作，失去的还有地位感、自信心以及良好的心理状态等。最重要的是，失业者还会失去对他人，尤其是对这个社会的信心，这就会给社会带来各种不稳定因素，甚至是社会动荡，其中包括个人的犯罪、自焚、爆炸等极端反社会行为，也包括游行示威和大规模的社会骚乱，等等。可见，就业不仅是一个重大的经济问题，也是一个重大的社会问题和政治问题。

一、当前我国就业工作主要成就

目前,就业难是一个世界性的难题,虽然各国都总结出了不少应对策略,但至今仍然找不到一个一劳永逸的万全之策,实现真正意义上的充分就业。我国是世界上人口最多和劳动力资源最丰富的国家,就业问题总量之大、矛盾之复杂、解决方法之难寻,更是世界上其他任何国家都未曾遇到过的,因此需要更多的关注。

党的十八大以来,中国共产党和政府高度重视就业工作,我国就业工作取得巨大成就。到2017年末全国就业人员77 640万人,其中城镇

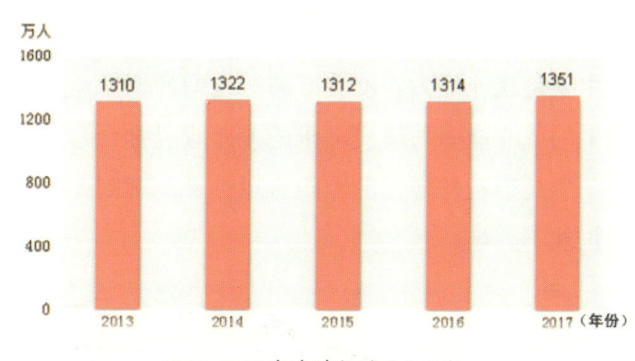

2013—2017年城镇新增就业人数

就业人员42 462万人。5年间总新增就业岗位6 500万个,仅2017年就新增就业岗位1351万个,比上年增加37万人。年末城镇登记失业率为3.90%,比上年末下降0.12个百分点。① 李克强总理在2018年全国"两会"做中央人民政府工作报告时指出,中国已经实现了比较充分就业。2018年,预期城镇新增就业1 100万人以上,城镇调查失业率5.5%以内,城镇登记失业率4.5%以内。党的十九大进一步提出,要不断提高就业质量。

---

① 中华人民共和国国家统计局:《中华人民共和国2017年国民经济和社会发展统计公报》,2018年2月28日。

二、进一步做好就业工作面临的挑战

当前,我国的就业工作总体上仍然面临一些新挑战。

一是就业岗位供求缺口大。目前我国劳动力总量供大于求的格局并未改变,就业总量压力依然巨大。2017年我国大陆地区总人口为13.9亿人,其中劳动年龄人口为7.76亿人,劳动力供给将保持在高位,每年城镇地区需要安排就业人员达2500万人左右。其中,以高校毕业生为主体的青年就业问题已经成为就业的结构性矛盾的集中体现。2018年,我国大陆地区高校毕业生达到820万人,达到历史新高。大学生就业主要是就业能力、就业心态等方面的调整适应与整合的问题,因为大学生的就业能力与现实需求的差距难以弥合,大学毕业生就业心态如浮躁、急功近利与现实的差距难以弥补,客观上大学生就业调整的体制机制仍然不顺畅。

"就业难"与"用工荒"现象并存

二是就业岗位的供需有错位。目前我国部分地区出现的"就业难"反映了就业的结构性矛盾有进一步加剧的倾向,不仅劳动力市场需求与劳动者素质技能之间,而且就业岗位类型、工作条件与劳动者就业期望之间,都存在着严重的错位现象。比如,由于产业结构不合理,待遇低、工作条件差、发展空间小的加工企业提供的就业岗位比较多,而劳动力吸纳能力强、待遇较好的服务业提供的就业岗位则相对有限,这种一多一少的局面是就业岗位供给方面的客观情况，但是劳动者对于这两者的就业意愿高低则正好相反，即人们不再希望在加工企业工作，而是希望在服务业中找到让他满意的工作，这就形成了一种错位的局面。又如，由于地区发展的不平衡，发达地区和中心城市吸引了大量劳动力，导致就业竞争非常激烈，出现了大量的"北漂""蜗居"和"蚁族"人群，人才供过于求，虽然有很多人号称要"逃离北上广"，但并没有离开一线中心城市的打算，只是想去其他发达的中心城市而已；与此形成鲜明对照的是，相对落后的地区和中小城市则出现了"孔雀东南飞""人往高处走"的潮流，大量人才流失，发展所需要的各类人才供不应求。再如，由于不同行业和不同企业之间在福利待遇等方面存在着巨大的差距，某些行业职业和企业如公务员、垄断企业员工等，会出现数千人竞聘一个岗位、千军万马过独木桥的现象，而另一些艰苦的行业职业和一些微小型民营企业却有可能出现无人问津的现象。

三是就业保障机制还需要进一步完善。尽管我国在就业体制机制这一块做了大量工作，取得了显著的成效，但仍然存在一些问题，阻碍了人们的就业。目前不同地区在户籍、教育、住房、社会保障以及相关的劳动人事制度等方面仍然存在一些限制，导致就业者的就业成本和生活成本过高，就业机会不平等，劳动者在城乡之间、地区之间的流动仍然存在很多障碍，一部分劳动者难以实现公平就业和体面就业。其中，农民工的公平就业问题日益突出。如，涉及农民工劳动权益的相关法律制度执行困难；"强资本，弱劳工"和"强本地，弱农工"的不平衡博弈格局依然存在；缺乏组织性资源的强有力支持；等等。

总之，可以看到，当前及今后一个时期内，我国就业将面临"总量压力和结构性矛盾并存"的局面，需要进一步做好就业各项工作。

第二节
充分就业：人人都有一个工作岗位

一、就业优先战略的提出

2012年初，国家促进就业规划(2011—2015年)中，首次将"就业优先"确定为发展战略。此后，通过就业优先战略实现充分就业，让有工作意愿的人都有一份工作，就成为我国就业工作的一项基本战略，2017年的党的十九大报告进一步强调了就业优先战略。

就业优先战略是在20世纪90年代中期由联合国提出的一个重要行动策略。1995年，联合国在哥本哈根召开世界社会发展首脑会议，在会议的《宣言》中，与会各国领导人一致承诺："将促进充分就业作为经济和社会政策的一个基本优先目标。"这是联合国首次提出就业优先问题。2001年，全球就业论坛大会上通过的《全球就业议程》要求，"各国政府要把生产性的就业置于经济和社会政策的核心位置，并使充分的、生产性的和自由选择的就业成为宏观经济战略和国家政策的总目标。"此后，就业优先战略成为联合国倡导的基本经济社会发展战略之一。简略地讲，所谓"就业优先"，就是指国家必须选择有利于扩大就业的经济发展战略，在转变增长方式、调整经济结构、选择投资方向、确定经济增长年度目标、进行宏观经济调控、制定政府公共财政预算支出和考核政府工作绩效时，都要把就业效应作为最主要的指标。

二、合力实施就业优先战略

根据当前实际和未来发展需要，中国共产党和中国政府正在全力贯彻实施"就业优先"发展战略，正在以下几个方面持续发力，让每一个劳动者都有一个工作岗位。

一要"稳定"，即要把现有企业的就业吸纳能力稳定住。一方面，通过各种经济、法律和行政手段，积极支持和鼓励现有企业稳定已经吸纳的劳动力。比如，为了帮助企业渡过国际金融危机的难关，中国政府鼓励企业不裁员或少裁员，在减轻企业税赋的同时，制定实施援企稳岗措施，如允许困难企业缓缴五项社会保险费，阶段性降低企业四项社会保险费率，使用结余的失业保险基金对不裁员的困难企业给予社会保险补贴和岗位补贴，使用就业专项资金支持困难企业开展在岗培训，妥善解决困难企业支付经济补偿问题，等等。另一方面，对于愿意更多地吸纳劳动力的企业，中国政府正在税费、工商、生产、销售等方面提供优惠政策，进行更大力度的扶持。比如，对于符合条件的企业在新增加的岗位招用符合政策的下岗失业人员，在相应期限内予以定额依次扣减营业税、城市维护建设税、教育费附加和企业所得税优惠；对各类企业招用就业困难人员，签订劳动合同并缴纳社会保险费的，在相应期限内给予社保补贴。

二要"扩容"，即要在稳定的基础上，通过各种手段大力发展三次产业中就业容量大的行业职业，扩大它们吸纳劳动力的容量。① 在产业结构转型升级的过程中，中国政府正在进行就业扩容。在产业结构上，政府着力发展就业容量弹性最大的第三产业，继续发展生产性服务业，

---

① 习近平：《在中央民族工作会议上的讲话》，2014 年 9 月 28 日。

培育各种新型消费产业；在经济形式上，积极鼓励引导对就业增长贡献大的民营经济发展；在企业类型上，支持发展具有比较优势的劳动密集型企业、中小企业加快发展；在就业形态上，鼓励劳动者通过多种灵活形式实现就业。在产业性质上，鼓励发展就业吸纳能力强的新兴产业，找到就业岗位新的增长点。在提升传统制造业和培育新兴战略性产业时，着力发展吸纳就业能力较大的新兴产业，如高端装备制造业、服务外包业等；鼓励有实力的大企业兴办高水平的经济和科技研究机构，创造更多智力密集型就业机会；在技术进步和产业升级的同时带动就业岗位增长。

三要"突破"，即当前党和政府正在重点突破就业困难的主要群体，通过加大政策扶助力度，帮助他们尽快实现就业。对于高校毕业生，政府以未就业特别是家庭困难的毕业生为重点，强化针对他们的就业指导，提供各种就业信息，提供见习机会，维护他们的就业权益。政府落实国家现有的各项扶持政策，鼓励高校毕业生转变就业观念，到城乡基层去就业，到中西部地区欠发达地区去就业，到非公有制企业和中小型企业去就业，鼓励大学生发挥聪明才智自主创业。对于城镇就业困难人员、"零就业"家庭以及关停企业失业人员，国家提供各种就业援助，集中开展上门服务和"一对一"的援助服务，开发更多的公益性岗位，并给予社会保险补贴、岗位补贴等扶持；对于外出务工的农民工，国家正通过"春风行动"等各种农民工就业服务活动，引导农民工有序外出；根据企业用工急需和人力资源市场的需求信息，对农民进行技能培训；将农民工纳入创业政策范围，在用地、收费、信息、工商、纳税等方面为农民工返乡创业开通"绿色通道"，提供各种优惠减免和政策支持；依法保护农民工的各项基本劳动权益；等等。对于受各种自然灾害影响的灾区劳动者，国家通过政策扶持、岗位开发、对口支援等措施给予就业援助。

四要"保障"，即当前党和政府正在加快消除影响劳动者合理流动和稳定就业的制度门槛和政策障碍,形成有效应对失业的机制。在社会保障方面,国家建立促进就业与失业保险、最低生活保障的联动机制,进一步完善就业者的养老保险和医疗保险。党和政府有计划地逐步推动外来务工人员的城市化,解决他们在劳动报酬、子女就读、公共卫生、住房租赁、社会保障等方面的实际问题,让外来务工人员享受平等的公共服务,降低他们的就业成本,提高就业的稳定性和质量。党和政府将失业防线提前,建立起比较健全的失业监测预警机制,对失业进行疏导和调控,通过转岗和再就业培训,使失业者快速地重新实现就业。

第三节
自我创业:人人都有一份实现自我价值的工作

在 1999 年以前,一提到"阿里巴巴",人们脑海中就会出现那位与四十大盗斗智斗勇的年轻人,而今人们更多地想到的是白手起家、成功创业的马云和他那全球最大的网上交易市场和商务交流社区,2014年,阿里巴巴在美国成功上市,马云一跃成为中国首富。如今,在我国,依靠自己拥有的资本、信息、技术、经验以及其他各种资源,自主创业,"自己做老板",已经成为一种趋势,甚至可以说是一种时尚。

一、自我创业的重大意义

从总体上看,创业的意义重大而深远。创业不仅可以解决自己的就业问题,还能够带动社会就业。譬如,在国际上,从 20 世纪 70 年代

北大科技园为青年人提供创业平台

起,美国大力推行"创业革命",青年人自主创业比例居世界之首,到80年代,美国每年有100多万个小企业注册成立,这大大促进了美国以高新技术为特征的新经济蓬勃发展。在国内,浙江省最近二三十年间大力倡导自强不息、勇于创新的精神,鼓励人人创业,平均每18个人中就涌现出1个民营企业家,民营经济占国民经济的比重超过70%,创造了神奇的"浙江现象"。从创业与就业的关系来看,创业是增加就业岗位、创造就业机会的"原动力",是扩大城市就业、推动经济发展的"发动机"。一般来讲,激励一个人创业,至少可以带动3~5个人就业。创业者越多,带来的就业岗位就会成倍增多,整个社会的就业率也就会不断上升。更重要的是,创业在整个社会中营造出创新氛围,成为创新型国家建设的主要动力源泉。

二、助力创业创新的主要途径

当前,在自主创业过程中成长壮大起来的个体私营经济已成为我国国民经济的重要组成部分。以柳传志、任正非、王石、刘永好、李书福等人为代表的企业家已经成为新时期自主创业的成功典范。但是不可否认,在我国自主创业还面临着一些困难和挑战。这既表现在管理服务和政策障碍上,还表现在创业意识上,如有些大学生宁愿做"啃老族",也不愿意去做所谓的"小商小贩",去伺候别人。因此,近年来,中国共产党和中国政府不断完善各种支持和鼓励创业的政策措施,从不同层面推动人们自主创业,进一步带动就业。

第一，做好"清洁工"，营造良好的创业氛围。创业的路上荆棘密布，创业者稍有不慎就会遍体鳞伤，这就需要为创业者扫清障碍。因此，目前政府正在不断清理和消除各种妨碍创业的行业性、地区性和制度性壁垒，进一步放宽创业的市场准入，为创业者提供的创业空间越来越大。政府各级职能部门应深化行政审批制度改革，减少审批程序，进一步放宽市场准入条件，加快清理和消除阻碍创业的各种行业性、地区性、经营性壁垒，坚决制止对中小企业、个体工商户的乱收费、乱罚款、乱摊派行为，切实减轻创业者负担和企业运营成本，营造良好的创业环境。各级政府在放宽准入、创业补贴、税费减免、小额担保贷款等方面出台了一系列优惠政策，各相关政策执行部门准确把握，密切配合，扩大扶持范围，简化手续，降低政策"门槛"，加大执行力度，正在积极为广大城乡创业者落实政策扶持。

第二，扮好"护航员"，为创业者保驾护航。创业者是新生的幼苗，经不起任何风吹雨打，只有精心呵护，才能在创业大潮中茁壮成长。政府在财税、金融、工商、场地等方面为创业者提供各种优惠和减免，减轻创业负担，可以为创业者保驾护航。在财税方面，近期国家出台了众多新的支持和促进就业的税收政策，如规定现有的小型微利企业继续享受企业所得税优惠，符合条件的高校毕业生、"零就业"家庭、"低保"家庭和农民工等自主创业时，与下岗失业工人一样，在营业税、个人或企业所得税等方面享受税费减免；同时，积极开辟各种科技园区、留学生创业园区、创业一条街、孵化基地等，有效地降低创业者的各种创业成本。

近年来，国家倡导创建国家级创业型城市，是国家从一个城市的整体高度扮演创业"护航员"的生动体现。早在 2009 年，人力资源和社会保障部就在全国 27 个省区确立了 85 个城市为首批创建国家级创业型城市。按照规定，创业型城市建设的基本原则是政府支持、社会参与、市场导向、自主创业;通过创建活动,在组织领导、政策支持、创业培训、创业服务、工作考核等方面形成五大体系。考核创业型城市创建工作有五大指标,即全民创业活动指数、创业活动对就业的贡献率、创业活动对企业成长的贡献率、创业环境指数、创业环境满意率,譬如其中的指标之一就是参与创业活动人数达到占城镇劳动者比例的20%。在2014年9月的夏季达沃斯论坛上,李克强提出,在960万平方千米土地上掀起"大众创业""草根创业"的新浪潮,形成"万众创新""人人创新"的新势态。2015年,李克强总理在全国两会上的中央政府工作报告中指出,推动大众创业、万众创新,"既可以扩大就业、增加居民收入,又有利于促进社会纵向流动和公平正义"。此后,全民创业、万众创新的局面在全国兴起。据人社部提供的数据,随着"大众创业"、"万众创新"蓬勃发展,市场主体大量涌现,创业成为带动就业增长的重要源泉。大众创业、万众创新的社会氛围日益浓厚,创业带动就业的倍增效应不断显现。近年来农民工返乡创业累计超过450万人,2016年登记的大学生创业人数达到61.5万人。

第三,当好"引路人",出台良好的创业政策。创业政策只有有的放矢、富有针对性,才能更好地引领创业者走上成功之路。一方面,要加强教育,鼓励创业,培养劳动者创业意识。因此,要在大学和中等职业学校推行创业教育培训课程,在电视台制作播出创业节目,举办创业竞赛、创业论坛、创

首都青年科技创新创业成果展亮相中国北京国际科技产业博览会

业项目展等，在社会上和劳动者中间形成尊重创业、支持创新、宽容失败的氛围。另一方面，对于不同就业人群，进行不同的创业引导。对于返乡创业农民工，各级政府在贷款发放、税费减免、工商登记、信息咨询等方面开辟"绿色通道"，通过"特别职业培训计划"对他们开展创业培训。对于创业大学生，国家举办促进大学生创业经验交流会，实施"大学生创业引领计划"，同时督促全面落实针对大学毕业生的小额贷款贴息、规费减免、税收优惠等扶持政策。对于下岗失业人员，国家进一步落实小额担保贷款政策，不断加大担保基金的投入力度，改善管理模式，扩大放贷对象，提高放贷额度，鼓励下岗失业人员通过创业实现再就业。

　　第四，干好"勤务兵"，提供全面的创业服务。俗话说，"兵马未动，粮草先行"，全面而舒心的创业服务就是创业所需的"粮草"。国家鼓励劳动者以及刚刚创业的创业者参加创业培训，依托有资质的教育培训机构，针对创业者特点和创业不同阶段的需求，开展多种形式的创业培训，广泛采用案例剖析、考察观摩、企业家现身说法等方式，帮助劳动者提高创业能力。各级政府为创业者提供项目信息、政策咨询、开业指导、融资服务、跟踪扶持等创业"一条龙"服务，并在社会保障、人事管理、教育培训、职称评定等方面提供一系列后勤保障服务。这些服务进一步解除了创业者的后顾之忧，让他们可以轻装上阵、全力前行。

第四节
体面就业：人人都有一份有尊严的工作

一、体面就业问题的提出

积极扩大就业、实现劳动者的充分就业，是全面推行就业优先战略的重要目标。但是值得注意的是，充分就业只是解决了就业问题的一个方面，即解决了就业人口数量过多问题，让每个人都有工作做。实际上，在此基础上还有一个就业人口的就业质量问题急需解决，即让每个工作的人都有一份令他满意的工作。为了保证劳动者能够有尊严地、自由地、公正地和安全地就业，国际劳工局在20世纪末叶提出了"体面劳动"的概念。如今，体面劳动、体面就业已经成为我国解决就业问题、提高就业质量的一个新的指导原则，而且必将在未来解决我国劳动者就业方面发挥更大的作用。

根据国际劳工组织的定义，"体面劳动"是指男女在自由、公平、安全和具备人格尊严的条件下获得体面的、生产性的可持续工作机会，其核心是工作中的权利、就业平等以及社会保障和社会对话。近年来，体面劳动理念也逐步开始成为我国就业工作中的一个基本指导原则和努力目标。2013 年 4 月 28 日，中共中央总书记、国家主席、中央军委主席习近平同全国劳动模范代表座谈并发表重要讲话指出，"要坚持社会公平正义，排除阻碍劳动者参与发展、分享发展成果的障碍，努力让劳动者实现体面劳动、全面发展"。①

二、推进体面劳动的主要措施

真正全面落实"体面劳动"，需要做好许多具体而细致的工作。在 2001 年国际劳工大会上，国际劳工局局长胡安·索马维亚着重强调说，"确保体面劳动的普遍性，并不意味着将一种统一的固定格式强加于人""让每个成员国自己根据国家的具体情况和轻重缓急来加以解决，才是适宜的和不可避免的"。目前，我国东部沿海地区出现"招工难"现象，一个基本原因就在于，东部地区在"体面劳动"方面所做的工作依然不够好，与农民工家乡所能提供的体面劳动条件区别不大，尤其是在基本工资、食宿、社会保障和个人尊严等方面更是如此，这使发达地区对劳动力的吸引力比过去大为减弱。因此，未来相当长时期内，我国就业工作的重心是引导最终实现劳动者的体面劳动。

第一，"尊重劳动"，即树立起尊重劳动的社会氛围。体面劳动的实现需要在全社会树立起尊重劳动的道德导向。体面劳动的实质是对劳动、劳动成果和劳动权的尊重。经过二三十年的发展，发达地区出现了一大批先富群体，这些人积累了大量的财富，整个社会都充满了尊崇财富的氛围。这种逐利精神在一定时间内是推动经济快速发展的重要动力，但在这种氛围下必然会背离"劳动光荣"的传统理念，让发达地区的劳动者，尤其是外来的农民工在劳动中找不到安全、尊严和自我实现的满足感，劳动仅仅成为他们谋生的手段。实际上，我们知道，劳动是劳动

---

① 《习近平：努力让劳动者体面劳动、全面发展》，新华网，2013 年 5 月 1 日。

者生存发展的基本手段，但它不仅仅是一种工具，更是劳动者实现自身价值和社会价值的根本方式。可以说，劳动既具有个人意义，更具有社会意义，既具有生存性质，更具有道德内涵。因此，我们急需在尊崇财富的同时，进一步明确劳动在社会中所具有的最基本、最崇高的位置，并且在整个社会中形成尊崇劳动的社会氛围。

第二，"精神激励"，即要处理好就业中物质与精神的关系。在实践体面劳动理念的同时，国家除了为劳动者提高基本的工资、生活条件、社会保障等物质保障之外，还要正确处理好物质激励与精神激励的关系，创造机会满足劳动力的各种精神需求，比如，为劳动者提供各种各样的培训机会、建立和完善职务晋升制度、给予各种名誉称号等。实践中，对于物质利益和精神利益，不能顾此失彼或者厚此薄彼，而是要做好协调发展，互相促进。只有这样，发达地区才会真正赢得劳动者尤其是外来务工人员的认同，调动劳动者的积极性，经济社会发展也才会获得长足的动力。

第三，"和谐劳动"，即形成和谐的劳动关系。劳动关系的和谐是实现体面劳动的长久保障。要加大保障劳动者基本劳动权益的力度，可以通过实现"体面劳动"理念来改善广大劳动者的劳动收入、劳动条件、劳动保障以及生活质量，这样才能逐步找回"劳动光荣"的理念。体面劳动首先是对劳动权的全面保护，劳动权是人的最基本的权利，也是最重要的权力。对劳动者进行社会保护，就其基本形态而言，是保护劳动者的安全权、健康权和生命权；就其本质而言，是保护劳动者的人格尊严。对劳动者的保护，不是社会对于他们的施舍，而是劳动者本应享有的基本权利。

目前，在发达地区，劳资矛盾已经成为社会领域的重要矛盾之一。因此，解决这一矛盾要健全协调劳动关系的三方机制，发挥政府、工会和企业作用，努力形成企业和职工利益共享机制，建立规范有序、公正合理、互利共赢、和谐稳定的劳动关系。政府要通过各种行政、立法、司法、监察、市场手段维护劳动者的合法权益。在这方面，近年来发达地区的改革步伐明显加快。譬如，据广东省高级人民法院于2018年年初召开的新闻通气会，2014年至2017年，全省一审劳动争议收案数在逐年递减；2017年，全省一审劳动争议收案40 883宗，同比下降7.5%。近年来，广东省劳动争议案件分布在广州、深圳、佛山、东莞四地，且大部分案件都涉及劳动报酬。近年来，广东省各级法院健全劳动争议审判工作机制，为切实维护劳动者的合法权益，全省法院均采取各项有力的司法措施，具体包括：开设劳动者讨薪绿色通道，坚持优先接待、优先立案、优先审判、优先执行、优先兑付执行款；开设涉民生执行案件咨询热线，搭建涉民生执行案件法律咨询台；对涉及特困群体案件依法采取先予执行措施，分配财产时依法优先偿还劳动报酬；对因欠薪者逃匿或欠薪者确无偿债能力导致生活困难的劳动者，依法及时给予司法救助；联合省人社厅、省总工会、省工商联、省企业联合会等单位，共同发布《关于进一步加强调裁诉衔接多元化解劳资纠纷的意见》，确立了源头化解、沟通协调、多元共建等工作原则；对困难职工进行多层次帮扶，符合司法救助条件的劳动者可以缓交、减交、免交受理费；与公安、检察机关、人社部门建立重大案件联合挂牌督办制度，进一步完善劳动保障监察行政执法与刑事司法联动机制；充分利用网络查控系统，采取"凌晨执行""悬赏执行""蹲点守候"等非常手段，提升执行效果。

第四章

公正而有秩序的收入分配

改革开放40多年来,我国工业化进程加快,经济快速发展,社会总体收入迅速增长,人民生活水平大幅度提高。但与此同时,我国的收入分配领域也出现了一些亟须解决的问题:居民收入差距不断扩大,分配秩序不规范,隐性收入、非法收入问题突出,垄断行业收入水平过高等。收入分配是关系国计民生的一件大事,一头连着人们的"钱袋子""好日子",一头连着国家的发展大局与和谐稳定。[1]作为最难啃的"硬骨头"之一,收入分配改革动的是真金白银,改的是切身利益,当前收入分配改革已经进入深水区,但再深的水也要蹚过去。各方联动必须以足够的勇气、智慧和韧性,打赢这场硬仗,使发展成果更多更公平地惠及全体人民。

---

[1]《理性看齐心办——理论热点面对面2013》,学习出版社、人民出版社,2013年版。

第一节
让钱袋子鼓起来：收入是民生之源

民生是人民幸福之基、社会和谐之本。习近平总书记在十九大报告中指出，"收入分配是民生之源，是改善民生、实现发展成果由人民共享最重要最直接的方式。也是百姓感受最直接、最现实的利益问题"。对于一个国家而言，实现收入分配的公正、公平是实现政治建设的终极目标；而对于整个社会来说，合理的收入分配制度是社会公平的重要体现，也是广大劳动群众平等参与社会分配权益的基本保障。

一、收入直接影响人民幸福感

2017年下半年开始，"砥砺奋进的五年"大型成就展在北京展览馆举行，其中"以人民为中心，增进群众获得感"的第五展区成为热门展区，在这里我们可以看到，5年来中国的民生之变。"5年来，我的收入翻番了！"在邮政行业工作的北京人陈女士，特意来参观展览。5年前，陈女士的工资只有三四千，而到现在翻了一番，达到了七八千元。谈到生活的变化，作为80后，陈女士有很多感慨，她说："这五年，收入提高了，结婚了，也买房买车了，高铁等基础设施越来越好，出去旅游更方便了，整体生活状态不错，幸福感和民族自豪感更强了！"

对于亿万百姓而言，民生的改善，一个极其重要的体现就是收入水平的提高，只有大家的钱袋子鼓起来，生活水平提高上去了，才谈得上幸福感和获得感。《小康》杂志和清华大学媒介调查研究室曾联合发布"2011—2012中国幸福小康指数",调查显示,收入依然是最影响公众幸福感的因素,健康和婚姻位居其次,"提高工资水平"成为提升公众幸福感最有效的方式。"涨工资最幸福"调查虽难言全面,却反映出了老百姓对于提高收入的殷切期待。不管我们对幸福的理解有多么宏大和瑰玮,但对于普通老百姓而言,幸福总是接着"地气",由此我们也可以了解,为什么收入分配改革方案的一举一动,总是能让我们牵肠挂肚,因为这攸关大家的利益,牵涉大家的幸福。

民生话题是历年全国"两会"的"重头戏",2018年两会关于"收入分配"的话题位居民众关心首位,并且连续5年排名靠前。钱不是万能的,但没钱却是万万不能的,与钱最直接挂钩的就是每个人的

2017年"砥砺奋进的五年大型成就展"

收入,收入直接关系民生。"要说10年来最大的变化,首先还是大家的收入提高了""希望工资再涨点、物价再降点,老百姓生活更幸福","盼望十九大以后能继续提高企业职工退休金,提高城市中低收入家庭的生活水平",党的十九大报告中关于增加居民收入、改革收入分配制度的阐述,成为全国各地群众热议的焦点话题,"收入分配"成为民生问题的"先锋",既是一种期待,更是一种鞭策。

二、合理的收入分配制度是社会公平的重要体现

除了"涨工资",人们也更关心"分工资",合理的收入分配制度是社会公平的重要体现,也是广大劳动者平等参与社会分配权益的基本保障。党的十八大以后,注重提高增加居民收入的同时,将重视公平放在更加突出的位置,着力让人民共享发展成果。正如李克强总理在2015年政府工作报告里所言,"立国之道,惟在富民。要以增进民生福祉为目的,加快发展社会事业,改革完善收入分配制度,千方百计增加居民收入,促进社会公平正义与和谐进步"。透过政府工作报告这扇窗户,我们可以发现这些年收入分配改革越来越重视公平。

改革开放40年的实践经验告诉我们:构建社会主义和谐社会,必须重视收入分配问题,把分配财富与创造财富摆在同等重要位置,把分好蛋糕与做大蛋糕放在同等重要位置。张延娥是济南市历城区一个农业市场的保洁员,做保安工作的丈夫和她在同一个单位,两人加起来一个月也只有两千多元的收入,除了房租、水电、正常的生活开销基本没有什么积蓄。张延娥说,从今年起她每个月就能拿到一千多元,而她的丈夫每个月也能多拿200元钱,因为山东省又一次提高了最低工资标准,最低工资涨到了1240元。张延娥说,现在他与丈夫每个月的工资加起来能有将近3000块,除了必要的支出以外,还能存下1000元,等明年春节就能拿着一万多元回家过年了。新工资标准使低收入群体的生活更有保障,同时,山东各地还创新分配手段:济宁市出台规范企业用工办法,将企业效益增长与职工工资增长挂钩,企业效益增长1%,职工至少加薪总效益的0.2%;泰安市建立技术创新工资终身补贴制,按职工实际技术创新贡献评定劳动技术级别进而划定工资,并恒定职工终身享有的技术工资补贴……初次分配让勤劳、创新者享受到了应有的财富倾斜,二次分配的杠杆将更有利地调节社会分配公平合理和和谐稳定。山东省企业在岗职工平均工资由2002年的10608元增长至2011年的36737元,

年均增长 14.8%。2007 年以来，先后 4 次调整最低工资标准，调整后由 2007 年最高档 760 元提高到目前最高档 1240 元。

此外，山东顺利实施职务与级别相结合的公务员工资制度，建立健全了科学合理的公务员工资水平决定机制和正常的工资增长机制。围绕"规范秩序、缩小差距"的改革目标，进一步加强公务员津贴补贴管理，省市县三级之间、东西部地区之间津贴水平日趋均衡。我们相信，基于公正平等竞争前提的初次分配效率将是更有助于激发各要素所有者活力的高效率；基于科学效率前提的再分配公平将是财力约束条件下更有利于民生福祉、社会和谐的真公平。

三、收入分配制度改革在路上

收入分配制度改革的目标，是在公正分配、规范分配的原则下构建公正合理的收入分配制度，不断缩小收入差距，引导全体人民勤劳致富、合法致富，最终走向共同富裕。① 深化改革不是对原有格局与路径的简单修补，而是坚持共同发展、共享成果，对社会财富分配格局与分配方式进行全方位改革。因而，这是一项艰巨复杂的系统工程，不可能毕其功于一役，必须坚定不移、统筹协调、多管齐下地循序推进。

由于收入分配直接关系人民群众的切身利益，改革牵扯的影响较广，我国的收入分配制度的改革遵循了循序渐进的改革路线，在旧制度安排的边缘以试点方式发展新的制度安排，在保持制度稳定的基础上做出一定的突破。党的十八大后，国家社会政治生态得到重塑并重新激发执行力，使收入分配改革最核心的"提低、扩中、限高"操作原则得到切实贯彻，收入分配制度改革迅速驶上快车道，进展和成效均有目共睹。从今年政府工作报告针对稳步提高居民收入水平这方面的精辟论述

---

① 《关于深化收入分配制度改革的若干意见》，人民日报，2013 年 2 月 7 日。

来看，还是充分体现出了社会主要矛盾发生转化后，国家在保障和改善民生事业、提高人民收入水平上有新的更大作为的改革意向。

收入分配制度改革已经行进在路上，近几年伴随最低工资标准的持续提高，包括个人所得税、企业增值税等的税制改革不断推进，国家财政对"三农"与民生投入的大幅增长，以及全民医保和基本养老保险制度全覆盖、综合型社会救助体系基本建成等社会保障制度建设的历史性跨越，社会财富分配格局正在发生明显变化，基尼系数持续恶化与城乡差距持续扩大的势头得到一定程度的遏制。这些是前一阶段收入分配制度改革取得的初步成效，也是进一步深化改革的重要基础，认识到这一点，有助于我们坚定信心、保持耐心，按照既定目标持续深化改革。

第二节
党的十八大以来收入分配改革成就

收入分配制度改革，事关广大群众切身利益，事关社会团结稳定，更事关全面建成小康社会大局，必须妥善把握，稳妥推进。党的十八大以来，各地区各部门坚持初次分配效率优先，再次分配更加注重公平，深化收入分配制度改革，合理调整政府、企业与居民的收入分配关系，积极拓宽农村居民增收渠道，加大扶贫攻坚力度，不断缩小城乡、地区、贫富差距，民生保障不断加强，经济社会发展成果全民共享。

一、收入分配格局进一步优化

近年来,我国收入分配状况呈改善向好态势。居民收入基尼系数自2008年以来已连续7年下降,倒U形状初步显现;要素收入分配结构也有所优化,从2012年起劳动者报酬占比由降转升;部门间收入份额也呈现向好趋势,自2008年以来居民部门收入份额明显上升。

伴随经济发展阶段的转变和社会的深刻变化,我国对改革收入分配制度和调整优化收入分配格局予以更多重视。特别是党的十八大以来,以习近平同志为核心的党中央坚持以人民为中心的发展导向,全面深化收入分配制度改革,改革力度空前加大。随着按劳分配为主体、多种分配方式并存的分配制度不断完善,居民收入与经济同步增长,在国民收入分配中的比例提高;居民可支配收入在国民可支配收入中的比重、劳动报酬在初次分配中的比重均由降转升,并基本保持了上升势头。

《中国居民收入分配年度报告(2017)》显示,2000—2015年,除2000年外,劳动者报酬占居民可支配收入的比重均在80%以上,近年来劳动者报酬占比不断上升。具体来看,2000年至2002年,劳动者报酬在居民可支配收入中的占比上升较快,由79.8%上升至85.2%,之后缓慢下降,2012年劳动者报酬占居民可支配收入的比重下降到82.6%,2012年以后劳动者报酬占比不断上升,2015年,该比重达到84.5%。劳动者报酬是居民可支配收入的主要来源,保持劳动者报酬的较高增速有利于改善居民在国民收入分配格局中的地位。《报告》分析指出,居民收入增长与经济增长基本同步。2008年以来,国民收入分配逐渐向居民倾斜,居民可支配收入增长率快于GDP增长率已经成为宏观经济运行的常态。同时,我国城乡居民收入相对差距继续缩小,地区间居民收入相对差距略有下降,宏观收入分配格局得到进一步改善。

二、居民收入份额上升，收入信心倍增

最低工资标准						
地区	月最低工资标准（单位：元）					实施日期
	第一档	第二档	第三档	第四档	第五档	
上海	2300					2017年4月1日
深圳	2130					2017年6月1日
浙江	2010	1800	1660	1500		2017年12月1日
天津	2050					2017年7月1日
北京	2000					2017年9月1日
江苏	1890	1720	1520			2017年7月1日
山东	1810	1640	1470			2017年6月1日
吉林	1780	1680	1580	1480		2017年10月1日
内蒙古	1760	1660	1560	1460		2017年8月1日
湖北	1750	1500	1380	1250		2017年11月1日
河南	1720	1570	1420			2017年10月1日
福建	1700	1650	1500	1380	1280	2017年7月1日
山西	1700	1600	1500	1400		2017年10月1日
陕西	1680	1580	1480	1380		2017年5月1日
贵州	1680	1570	1470			2017年7月1日
黑龙江	1680	1450	1270			2017年10月1日
江西	1680	1580	1470			2018年1月1日
宁夏	1660	1560	1480			2017年10月1日
甘肃	1620	1570	1520	1470		2017年6月1日
辽宁	1620	1420	1300	1120		2018年1月1日
湖南	1580	1430	1280	1130		2017年7月1日
青海	1500					2017年5月1日

制表人：李金磊 数据来源各地人社部门

2017年全国22个省份先后上调了最低工资标准

我们用数字来聊聊居民的钱袋子，67.6%——这是CCTV《中国经济生活大调查》通过对十万户中国家庭的调查给出的2015年中国家庭收入信心指数，一般来说，50%是一条信心的荣枯线，而67.6%意味着有六万七千多个调查样本家庭对家里的未来收入充满信心。翻看今年的政府工作报告，无论是对过去五年来国内民生事业的建设成就，还是为今年深入开展民生保障工程做出的规划部署，无不让人民群众感受到浓浓的民生情结，也正是基于全国"两会"上释放出来的这一系列强烈信号，更加增添了人们对于在2018年实现让"人民生活更加殷实"目标的信心。

我们再来把这份信心和实际收入比较一下，2017年居民收入增长亮点频现，国家统计局2017年数据显示，全国居民人均可支配收入实际增长7.3%，增速比上年提高1个百分点，高于国内生产总值增速0.4个百分点。居民收入增速跑赢GDP，转移净收入占比提高，各级政府多措并举，从增加居民财产性收入、转移性收入着手，全力为居民增收注入新动力。2016年全国居民人均可支配收入中，人均转移净收入

4259元，比2012年增长56.2%，年均增长11.8%，占人均可支配收入的比重由2012年的16.5%提高到2016年的17.9%。人均财产净收入1889元，比2012年增长53.5%，年均增长11.3%，占人均可支配收入的比重由2012年的7.5%提高到2016年的7.9%。人均转移净收入和人均财产净收入的年均增速，都跑赢了人均工资性收入。

统计数据显示，2017年8月，上海人力资源市场各类用人单位发布的招聘岗位，平均招聘月薪为4630元，与上年同期相比增长8.8%，总体呈现逐年上涨的趋势。"去年市场内的工资起步价早就涨到了每月3500元，这指的是一些没有技术含量的普通工种，比如服务员、保安等。像电焊工之类的技术工种一般月薪都在6000元以上，还得包吃住。快递和外送员就更不用说了，工资更高。"承接了多项劳务外包项目的翁先生介绍。截至目前，全国至少已有上海、陕西、青海等22个省份先后上调了最低工资标准，上调最低工资标准的地区数量较2016年的9个地区有了大幅增加，上调最低工资标准是2017年值得记录的一笔，也是党的十八大以来居民收入持续较快增长的新亮点。

三、脱贫攻坚成效明显，城乡居民收入差距缩小

近年来，我国收入分配状况呈改善向好态势，2012年至2016年，全国居民收入基尼系数从0.474下降到0.465，倒U形状初步显现；城乡居民收入倍差从2.88倍缩小到2.72倍。在政府的大力推动下，行之有效的脱贫攻坚责任体系、政策体系和投入体系逐步建立，农村贫困地区和贫困群众脱贫致富奔小康步伐加快。

贫困问题是全面建成小康社会的"拦路虎"，也一直是习近平总书记最为牵挂的事情。从河北阜平县骆驼湾村、顾家台村到湘西土家族苗族自治州十八洞村，从云南鲁甸地震灾区到革命老区贵州遵义花茂村，习近平总书记在考察调研期间，对改善贫困群众的生活状况念念不忘。

十八洞村

对身处农村的贫困群众，习近平总书记每到一地，都要亲眼看一看他们生活情况到底怎么样了，收入水平是不是提高了；对城市困难居民，习近平总书记也要求重点保障低收入群众基本生活。

在十三届全国人大一次会议上，国务院扶贫办主任刘永富介绍了近年来的扶贫成绩：2012年底，我国有9899万贫困人口，截至2017年底，贫困人口还剩3046万人，5年时间里，我国贫困人口减少了6853万人，年均减少1370万人。1986年我国确定了贫困县，2012年底贫困县832个，2016年摘帽贫困县28个，2017年预计摘帽120多个，这创造了中国减贫史上的最好成绩。国家统计局数据显示，2017年前三季度，城镇居民人均可支配收入27 430元，同比名义增长8.3%，实际增长6.6%；农村居民人均可支配收入9 778元，同比名义增长8.7%，实际增长7.5%。农村居民人均可支配收入名义增速和实际增速分别高于城镇居民0.4和0.9个百分点。数据还显示，前三季度，农村低收入群体收入增长最快，按人均可支配收入从低到高进行五等份分组，农村低收入组居民人均可支配收入1020元，同比增长17.0%。城乡居民收入比由上年同期的2.82

下降为 2.81，城乡居民收入差距继续缩小。

四、民生保障力度加大，地区贫富差距缩小

让收入分配更顺应民心，就需要继续加大民生保障力度，我国政府建立合理的收益分配机制，加大对国民收入再分配的调节力度，完善再分配调节机制，增加财政预算中关于改善民生和公共服务领域的支出，提高居民最低生活保障标准，增进社会公平。①

政府对民生投入力度不断加大，社会保障制度不断完善，地区间基本公共服务均等化水平提高，受惠群体不断扩大。2014 年 2 月，国务院常务会议决定合并新型农村社会养老保险（新农保）和城镇居民社会养老保险（城居保），建立全国统一的城乡居民基本养老保险制度。2016 年末，我国参加城乡居民基本养老保险、基本医疗保险、失业保险、工伤保险、生育保险人数分别达到 8.9 亿、7.4 亿、1.8 亿、2.2 亿和 1.8 亿人，社会保险覆盖范围不断扩大，越来越多的群众享有基本生活保障。党的十八大以来，居民基本医保人均财政补助标准由 240 元提高到 450 元，大病保险制度基本建立、已有 1700 多万人次受益，异地就医住院费用实现直

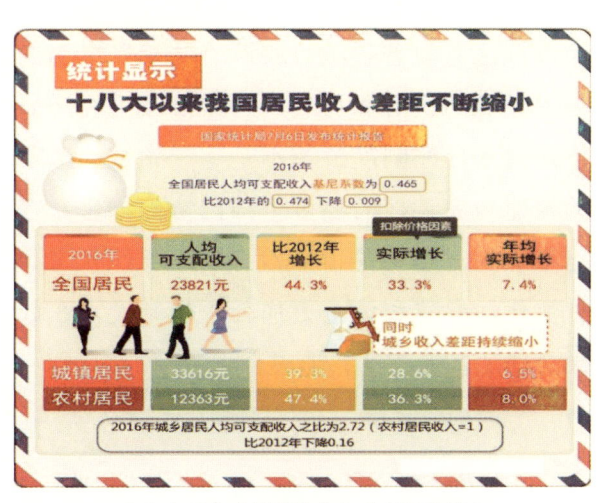

十八大以来我国居民收入差距不断缩小

---

① 《让收入分配更顺应民心》，新华网，2018 年 3 月 13 日。

接结算，分级诊疗和医联体建设加快推进。建立困难和重度残疾人"两项补贴"制度，惠及 2100 多万人。

政府对民生投入力度不断加大，区域发展均衡性提高，低收入群体收入增加，促进了地区贫富差距缩小。强化对深度贫困地区支持，中央财政新增扶贫投入及有关转移支付向深度贫困地区倾斜。2016 年东部地区与西部地区居民人均收入之比为 1.67（西部地区居民收入 =1），中部地区与西部地区居民人均收入之比为 1.09，东北地区与西部地区居民人均收入之比为 1.21，相对差距分别比 2012 年缩小 0.06、0.02、0.08。2016 年，全国居民中，高收入户与低收入户的相对倍差为 10.7，比 2013 年下降 0.1；基尼系数为 0.465，比 2012 年下降 0.009。通过这些数据，我们看到了政府对民生"真金白银"的投入，也看到了一个发展中大国的责任和担当。只有将"行大道，民为本，利天下"落到实处，公共政策才会进一步赢得公众的认同。

总之，加速让百姓"钱袋子"鼓起来，必须扎实深化改革，知难而进，这考验着各级政府对"共享"理念的践行程度，更取决于其为民谋利的决心和勇气，国家发改委经济研究所副研究员李清彬指出，收入分配制度改革不是单一领域的改革，而是一系列制度体系的构建与完善，需要多个部门协同推进。在制度改革推进中，各部门不应拘泥于相关指标本身，而要综合考虑经济结构变化、要素条件变化，构建和健全更加公平的制度，在起点平等、规则公平和结果合理上多管齐下、形成合力。

第三节
缩小收入差距

国家统计局公布的数据显示，2015年我国基尼系数为0.462，2016年基尼系数为0.465，仍高于0.4的国际警戒线，贫富差距仍有较大改善空间。解决民生问题，不仅要讲平均数，还要看大多数和极少数，尤其要关注低收入群体，提高低收入群体的收入水平，重点保障低收入群众基本生活。而对高收入也不能一概而论，"调高"也应分类进行，党的十八届三中全会提出，保护合法收入，调节过高收入，清理规范隐性收入，取缔非法收入。

一、持续打好脱贫攻坚战

改革开放以来，我国实施大规模扶贫开发，使7亿多农村贫困人口摆脱贫困，取得了举世瞩目的成就。但是，我国脱贫攻坚形势依然严峻，中西部一些省（自治区、直辖市）贫困人口规模仍然较大，而且剩下的贫困人口大多数分布在革命老区、民族地区、边疆地区和连片特困地区，贫困程度深，致贫原因复杂，减贫难度大，脱贫成本高，扶贫开发进入攻坚拔寨的冲刺期。

2015年底中央召开扶贫开发工作会议，发布《中共中央国务院关于打赢脱贫攻坚战的决定》，明确到2020年现行标准下农村贫困人口全部脱贫，贫困县全部摘帽，解决区域性整体贫困，吹响了向贫困发动总攻的"冲锋号"。各级政府在经济增长和财政收支压力较大的情况下，大幅增加扶贫资金投入，上年中央和省两级投入超过1000亿元，中央财政专项扶贫资金投入增长43%，省级扶贫资金投入增长56%。各级党委政府层层签订脱贫攻坚责任书，立下"军令状"，层层落实责任，产业扶持、转移就业、易地搬迁等多措并举，扶贫攻坚战成效显现，2016年农村贫困人口减少1240万。这些文件和部署，是当前坚持共享发展理念深化改革，推动建立更加公平合理收入分配制度的缩影。

2018年2月11日，习近平总书记深入大凉山腹地，走进昭觉县三岔河乡三河村。他一一走访贫困户，并与村民代表、驻村扶贫工作队座谈交流，结合当地特点给村民们支招致富路。习近平总书记反复强调，要坚持精准扶贫、精准脱贫，要加强基层基础工作，要把握好脱贫攻坚正确方向。习近平总书记的重要指示，为我国打赢脱贫攻坚战指明了前进的方向。只要我们强化资金投入、强化部门协同、强化东西协作、强化社会合力、强化基层活力、强化任务落实，集中力量攻坚克难，更好推进精准扶贫、精准脱贫，就一定能确保如期实现脱贫攻坚目标，老百姓的日子就一定会越过越红火！

二、托底保障与社会救助有效衔接

如果将社会保障体系比喻成万丈高楼，那么社会救助就是这座高楼的地基。社会救助是民生保障和扶贫攻坚的一道安全网，把这道网编密织牢是政府部门的重大使命和扶贫攻坚战役当中的重要责任。多年来，我国社会救助制度在应对贫困、托起民生兜底安全网、保证社会和谐等方面发挥了积极作用。

江苏省南京市江宁区汤山街道湖山社区的苏国文是一名特困残疾人，出生后不久得了小儿麻痹症，双腿落下终身残疾。他的妻子徐敏患有轻度脑瘫，老母亲86岁了，一家三口都生活在两间村头路边的平房里。自2007年起，江苏省在全国率先建立了残疾人生活救助、生活补贴和护理补贴制度，苏国文按照政策享受到了政府的补贴。汤山街道和残联还出资2万元帮苏国文翻修了破旧不堪的房屋。为了扶持有一定劳动能力的残疾人自力更生、融入社会，汤山街道把徐敏介绍到一家工厂干些力所能及的工作，也给苏国文和他的母亲申请了低保，一家人生活有了基本的保障。为了更好地帮助残疾人找到就业方向，江苏省开始开展专项扶持就业援助活动。2013年湖山社区和汤山街道残联拿出5 000元，帮苏国文在家里开了一间杂货店。几年下来，肯出力的苏国文终于脱了贫，自己不用吃低保了。后来，他鼓起勇气关了小店，向亲戚借了200多万租赁流转土地，发展现代农业，还聘用了5名残疾人。曾经一无所有的苏国文，开始实现逆袭人生的梦想。苏国文表示："社会给平台，我是残疾人我要创业帮助所有的残疾人，我过好了不能忘记政府、残联，还有残疾人。"

2014年2月底，《社会救助暂行办法》的出台，涵盖最低生活保障、特困人员供养、受灾人员救助、医疗救助、教育救助、住房救助、就业救助、临时救助八项制度以及社会力量参与，这是我国第一次以法律制度形式明确了社会救助制度体系的内容。党的十八大以来，在以习近平同志为核心的党中央的坚强领导下，我国政府在社会救助方面主要做了以下三项工作：一是全面完善救助保障制度。二是稳步提升救助保障的水平，其中各级政府用于社会救助方面的财政资金，从2012年的1 800多亿元，已经增加到2017年的2 500亿元。三是不断规范救助保障管理工作，与有关部门开展了户籍车辆、银行存款、证券财产、住房保障等方面的信息对比，提高了救助对象识别的准确性，做到精准救助，应保尽保。

三、推进国有企业薪酬制度改革

人民群众对收入差距拉大有意见,其实并不是对合理、合法的收入有意见,而主要是对通过违规、违法行为获得巨额财富而造成的收入差距强烈不满,对这些非法收入要坚决取缔和打击。《中共中央关于全面深化改革若干重大问题的决定》指出,要形成合理有序的收入分配格局,规范收入分配秩序,完善收入分配调控体制机制和政策体系,建立个人收入和财产信息系统,保护合法收入,调节过高收入,清理规范隐性收入,取缔非法收入。

人力资源和社会保障部发布的2011年《中国薪酬发展报告》显示,我国企业工资分配的结构性问题突出,部分行业工资水平增长过快,水平过高,拉大了社会不同群体间的收入差距。例如,2010年,上海浦发银行员工工资及奖金人均为29.66万元,员工的其他福利人均6.08万元,两者合计人均35.74万元,是当年城镇单位企业在岗职工平均工资的10倍。此外,该报告还指出,企业高管收入增长偏快,部分高管薪酬水平过高,2007年平安公司总经理年薪即为6616万元,是当年全国企业在岗职工平均工资的2751倍,相当于农民工平均工资的4553倍。

央企高管薪酬畸高的问题一直饱受诟病,即使是合理性高收入,也需要进一步完善相应的税收调节手段。2015年1月1日,《中央管理企业负责人薪酬制度改革方案》正式实施,率先对央企负责人限薪是一箭三雕:既可解决分配制度改革中最突出的问题,又是完善国企内部治理机制的有效措施,还是消除收入分配严重不公导致社会心理失衡的途径。改革后的薪酬结构由此前的基本年薪加绩效年薪,改为基本年薪、绩效年薪加任期激励收入,基本年薪根据上年度中央企业在岗职工年平均工资的一定倍数确定。同时,国企将进一步落实内部分配自主权,合理拉开内部工资分配差距,增强关键岗位和核心人才的薪酬竞争力,激发企业内生活力。改革首批涉及72家央企的负责人,包括中石油、中石化、中国移动等组织部门任命负责人的53家央企,以及其他金融、铁路等19家企业。人社部副部长邱小平曾表示,改革后多数中央管理企业负责人的薪酬水平将会下降,有的下降幅度还会比较大。在2015年全国两会期间,中国电力投资集团总经理陆启洲透露,此前他最高年度曾经拿过80多万元,现在如果绩效、中长期激励都完成,一年可以拿到50万元多一点;中国通用技术集团董事长贺同新称,按照2014年的税前数字,他的薪水大约下降了45%到50%。

四、以税收手段调节过高收入

目前,大部分的居民合法收入都会纳入纳税征管体系,除非一些特殊情况。比如我国公民在境外取得的一些收入,目前税收征管还没有完全覆盖。高收入群体税收监管存在盲区,由此造成的贫富阶层实际税负不公,在某种程度上加大了贫富差距。进一步发挥税收调节收入分配的作用,健全包括个人所得税在内的税收体系,逐步建立综合和分类相结合的个人所得税制度,进一步减轻中等以下收入者税收负担,发挥收入调节功能,适当加大对高收入者的税收调节力度。

2011年,个税起征点从2000元提高到3500元,纳税人从9000万人减少至3000多万人,纳税面由28%降至8%左右,普通工薪阶层特别是中低收入者受益最大。2013年,中共十八届三中全会的决定指出,要完善税收制度,逐步建立综合与分类相结合的个人所得税制。2016年国务院发布《关于激发重点群体活力带动城乡居民增收的实施意见》,其中提出,健全包括个人所得税在内的税收体系,逐步建立综合和分类相结合的个人所得税制度,进一步减轻中等以下收入者税收负担,发挥收入调节功能,适当加大对高收入者的税收调节力度。2018年6月19日,个人所得税法修正案草案提请十三届全国人大常委会第三次会议审议。2018年8月31日,修改个人所得税法决定通过,基本减除费用标准调至每月 5000 元，2018 年 10 月 1 日起实施。

2018 年 8 月 31 日，十三届全国人大常委会第五次会议表决通过了《全国人民代表大会常务委员会关于修改〈中华人民共和国个人所得税法〉的决定》，此次修订后的个人所得税法开启了个税领域分类与综合相结合的新税制，并对税法进行了多方面的完善。这些变化及其影响不仅涉及每一个纳税人，也关系到广大企业等市场主体。

总之，"提低""限高"不是简单的"抽肥补瘦""劫富济贫"，更不是"均贫富"，而是要通过提高低收入群体的收入水平，调节垄断部门高收入，部分企业高管的过高收入以及某些社会群体的高收入、继续完善社会保障制度，着力缩小不合理的收入分配差距等手段，来实施标本兼治。在"提低""限高"等具体政策推进中敢于动真格，勇于冲破利益藩篱。

第四节
扩大中等收入群体

正如习近平总书记所强调:"扩大中等收入群体,关系全面建成小康社会目标的实现,是转方式调结构的必然要求,是维护社会和谐稳定、国家长治久安的必然要求。"[①] 从我国的实际情况看,中等收入群体比重偏低,不仅抑制潜在消费需求的有效释放,阻碍经济转型升级的实际进程,而且难以形成橄榄型的社会利益格局,不利于社会和谐稳定。有效扩大中等收入群体需要协调发挥政府、企业与社会的力量,通过转变经济发展方式、完善社会收入分配制度、提高教育质量与教育公平、弘扬勤劳致富精神与发挥企业家作用、强化产权保护等多措并举,扩大中等收入群体比重,让更多人分享改革发展新成果。

李克强总理在 2018 年全国两会期间指出,我国已经形成了世界上规模最大的中等收入群体。如果按照国家统计局 2016 年提出的一个家庭年均可支配收入在 9 万至 45 万之间属于中等收入群体计算,当年中国中等收入群体占总人口 24.3%,约 3.5 亿人口。据此推算,至 2018 年初,我国仍然有 10 亿人口属于中低或低收入群体,未来扩大中等收入群体任重而道远。

---

① 习近平:《在中央财经领导小组第十三次会议上的讲话》,2016 年 5 月 16 日。

一、完善社会收入分配制度

扩大中等收入群体的一个基本前提就是进行产业转型升级,进一步做大蛋糕。要生存、要发展,就要从资源驱动、资本驱动的老路转向到创新驱动的新路上,要加快实施创新驱动战略,推动经济结构转型升级,在保障就业的同时努力提高产能与效益,为扩大中等收入群体提供必要的物质基础。

扩大中等收入群体实际上是利益分配的一次重大调整,需要进一步理顺收入分配制度。统计数据显示,2000年到2010年,劳动报酬初次分配占比由53.3%降到47.8%,我国按劳分配为主的分配制度受到挑战。2013年2月,《关于深化收入分配制度改革的若干意见的通知》出台,全面阐述了深化收入分配制度改革的总体要求和方向,从初次分配、再分配、农民增收和分配秩序四个方面,着力形成制度完善、调控有效、比例合理、关系协调的收入分配格局。2014年4月,深化收入分配制度改革部际联席会议制度正式建立,深化收入分配制度改革工作机制更加完善。国有企业负责人薪酬管理、机关事业单位养老保险制度、大病保险制度、城乡住户收支调查一体化制度、规范收入分配秩序等重点领域的改革取得了重要进展。2016年,国务院发布《关于激发重点群体活力带动城乡居民增收的实施意见》,瞄准技能人才、新型职业农民、科技人员等增收潜力大、带动能力强的七大群体,推出差别化收入分配激励政策,不断培育和扩大中等收入群体,逐步形成合理有序的收入分配格局,带动城乡居民总体增收。

2017年6月,中共中央、国务院印发《新时期产业工人队伍建设改革方案》,明确了产业工人作为创造社会财富的中坚力量、创新驱动发展的骨干力量和实施强国战略的有生力量的重要地位,强调要按照政治上保证、制度上落实、素质上提高、权益上维护的总体思路,充分调动产业工人的积极性主动性创造性,充分体现了以人民为中心的发展思想。从整体发展趋势看，我国已经进入收入分配关系发生转折性变化的关键阶段，收入分配关系呈现改善趋势，这为成功跨越中等收入陷阱提供了有力保障。

二、提高人力资本

中产阶层以中高级知识分子为主，包括创新、生产、经营和管理等各个领域的人才，是发展生产力、提高劳动生产率的中坚力量，是构建橄榄型社会的主体。到2014年，我国专业技术人才已达5550多万人，占我国人才队伍总人数的45.6%，高、中、初级专业人才比例为11∶36∶53，大专以上学历占68.6%。短缺的是领军帅才、高端创新英才，即所谓的千军易得，一帅难寻。

从近年来的情况看，我国适龄人口接受高等教育的比重大幅提升，出国留学人数快速增长，这与中等收入群体规模的扩大是分不开的。从调查数据看，中等收入家庭教育支出往往是最大支出项，扩大中等收入群体，有利于增加全社会的教育支出和人力资本投资，提升劳动者素质，从而为转方式调结构创造条件。强化人力资本有两条途径，一是通过教育提高新成长劳动力的平均受教育年限，表现为人力资本增量的改善；二是通过培训提高在职劳动者的技能，表现为人力资本存量的改善。教育是实现阶层流动培育中等收入群体的有效方式，而农村新生一代是扩大中等收入群体的重要指向，要实现农村新生一代步入中等收入群体必须有针对性地进行教育改革。各地方应当结合自身实际抓住国家教育资源均等化战略的有利契机推进教育公平、提高教育质量，为广大农村新生代群体与城市低收入群体步入中等收入群体提供智力支持，使大量农业人口成为新增中等收入群体的"后备军"，让低收入者加入中等收入行列，提高劳动者素质、技能和就业能力。

在全国政协十三届一次会议上，政协委员莫荣做了题为"提高就业质量增加人民收入"的大会发言。莫荣说,党的十九大报告指出"就业是最大的民生",要"提高就业质量和人民收入水平",体现了以人民为中心的发展思想,反映了亿万劳动者的心声。能够得到一份更好、更稳定的工作,是每一位劳动者及其家人共同的期盼。通过高质量就业和辛勤劳动提高收入,是人民实现美好生活的主要途径。莫荣指出,高质量就业意味着充分的就业机会、公平的就业环境、良好的就业能力、合理的就业结构、和谐的劳动关系。实现高质量就业,是我国经济由高速增长阶段转向高质量发展阶段的内在要求,也是解决当前就业总量问题和结构性矛盾的重要抓手。

三、弘扬勤劳致富精神和企业家精神

人民群众是财富的创造者,幸福生活有赖于每一个人的不懈奋斗。政府要在社会保障兜底的基础上突出能力本位,大力弘扬勤俭节约、劳动致富的精神,以激励广大低收入者通过自己的努力进入中等收入群体,创造幸福美好新生活。"富贵本无根,尽从勤里得。"各部门要通过政策引导并鼓励他们通过诚实劳动获得。习近平总书记提出:"要关注一线职工、农民工、困难职工等群体,努力让劳动者实现体面劳动、全面发展。"我们必须弘扬勤劳致富精神,让大家通过踏踏实实的工作,以精益求精的精神,一点一滴刻苦的钻研来收获成功、创造美好的生活。

习总书记围绕"扩大中等收入群体"这项工作,提出了六个必须,其中提到了:必须弘扬勤劳致富精神;必须发挥好企业家作用。[①] 企业家是社会的精英,是重要的生产力要素,企业家要发挥示范引领作用,在做大做强企业、保障各种要素投入获得回报的同时,适当让利以改善职工待遇与福利,帮助更多人创业增收进入中等收入群体。而中等收入

---

① 习近平:《在中央财经领导小组第十三次会议上的讲话》,2016年5月16日。

群体是企业家的源泉，我国坚持有质量有效益的发展，也需要中等收入群体的创新能力和创新行为，在促进经济繁荣的同时，也将促进中等收入群体的事业繁荣。在当前创新创业的大潮中，中等收入群体应充分释放创新潜能，获得服务国家建设与增强自身实力的"双赢"。

四、加强产权保护

为确保中等收入群体持续、稳定地扩大，不宜忽视的一个必要条件是民众的财富安全必须得到有效的保证。在现代社会和市场经济当中，个人的财产是生存和发展的基础，是安身立命的根基。习近平总书记指出，"必须加强产权保护"，要"增强人民群众财产安全感"。2004年，"公民的合法的私有财产不受侵犯"的条款被正式写入我国宪法，对中等收入群体的发展和扩大来说，个人财产的具体状况更是至关重要的事情，财产权的安全保障具有基石性的意义，只有在财产安全得到保障的条件下，中等收入群体的财富方能进行可预见的积累，其发展前景方具有可预期性。

中国中等收入群体的主体是70后、80后和部分90后。这一年龄段人群是行政单位、事业单位、企业单位的业务骨干，将成为正在崛起的社会中坚力量，而中等收入群体光鲜的背后也存在着因房致贫、因病致贫、创业失利、失业等巨大风险。政府要防止中等收入群体"返贫"，健全社会保障体系，有利于减少创业者的后顾之忧，有利于抵御中产者职业生涯的风险，而通过社会保障体系的帮助，这些人可以避免生活水准大幅度降低、元气大幅度受损情形的出现，有利于日后的重新创业或重新就业。

党的十八届三中全会提出健全资本、知识、技术、管理等由要素市场决定的报酬机制。扩展投资和租赁服务等途径，优化上市公司投资者回报机制，保护投资者尤其是中小投资者合法权益，多渠道增加居民财产性收入。"民众收入的来源不能仅仅限于工资收入这样的单一渠道，而是应当趋于多元化的渠道，其中财产性收入便是一项主要内容。财产性收入包括股市收入、租赁房屋收入、各种理财收入、技术转让收入等等。"增加民众的财产性收入，也是有效拓展民众收入及财富增量渠道的重要路径。

总之，扩大中等收入群体是妥善解决收入分配问题的有效路径，也是衡量新时代主要矛盾程度的重要指标。未来的五到十年中，如果能把握住新时代主导产业发展方向，推进系统的体制创新，可以使得中国中等收入群体占比继续扩大，成功跨过中等收入陷阱，在共同富裕的道路上再向前一大步。

第五章

统一而可持续的社会保障

"我们的人民热爱生活,期盼有更好的教育、更稳定的工作、更满意的收入、更可靠的社会保障、更高水平的医疗卫生服务、更舒适的居住条件、更优美的环境,期盼孩子们能成长得更好、工作得更好、生活得更好。人民对美好生活的向往,就是我们的奋斗目标。"2012年11月15日,习近平总书记在十八届中央政治局常委同中外记者见面时的这段讲话,朴实亲切、饱含深情,温暖了亿万人的心。党的十八大以来,我国社会保障坚持以人民为中心的发展思想,人民生活不断改善,一大批惠民举措落地实施,人民获得感显著增强。覆盖城乡居民的社会保障体系基本建立,人民健康和医疗卫生水平大幅提高,保障性住房建设稳步推进。社会治理体系更加完善,社会大局保持稳定,国家安全全面加强。

民惟邦本，本固邦宁。中国已经从发展不足、经济落后、国力薄弱的发展中国家变成一个跨入中等收入国家行列的新兴工业化国家。影响社会保障事业发展的社会、经济、政治、文化等国情要素均发生了深刻变化，整个社会保障体系正在加速建设之中，并由长期试点的试验性阶段开始转向定型、稳定、可持续发展的阶段。经济发展的同时，对社会建设更加注重，着力保障和改善民生，努力使全体人民幼有所育、学有所教、劳有所得、病有所医、老有所养、住有所居、弱有所扶，全面推动建设和谐社会的目标。

国以民为本，社稷亦为民而立。从乡村到城市，从一家一户到千家万户，民生事项千头万绪、千变万化，社会保障是民生安全网、社会稳定器，与人民幸福安康息息相关，关系国家长治久安。目前中国已经建立起世界上覆盖人群最多的社会保障网，习近平总书记在党的十九大报告中明确提出，按照兜底线、织密网、建机制的要求，全面建成覆盖全民、城乡统筹、权责清晰、保障适度、可持续的多层次社会保障体系。

社会保障同样发挥着社会稳定器作用，实施全民参保计划，强化政策衔接，完善城镇职工基本养老，城乡居民基本养老，城镇基本医疗、失业、工伤、生育等保险制度，健全社会救助体系，提高社会福利水平。当前，中国社会保障工作不断推进，对于保障群众基本生活、增进人民福祉发挥了积极作用，作为一个发展中的人口大国，我国在扩大社会保障覆盖范围上取得显著成就，受到国际社会高度认可。

第一节
党的十八大以来中国社会保障体系建设成就

党的十八大以来,社会保障事业发展理念、发展方式、治理机制不断改革创新、转型完善,逐步从多点突破到全面发力、纵深推进,形成了布局合理、体系健全、运行有序的科学治理架构。中国在社会保障体系建设上不断取得新进展,群众的获得感显著增强,社会保障事业展现出旺盛的活力、不竭的动力、强大的助力,社会影响日益广泛而深刻,在全局工作中的地位和作用显著提升,与党和国家事业发展的同频共振,为党和国家事业开创性的历史性变革做出了积极贡献。

一、全民开放的社会救助体系

改革开放以来,社会救助进入了不断改革的进程,经过几十年的变革,这一制度已经从计划经济时代只面向孤寡老幼的封闭式制度安排向与市场经济相适应的开放性制度转化,产生了质的飞跃。

从封闭式的民政救助转化成开放性的社会救助。改革前的社会救助民政部门负责的救助工作,它只针对城乡孤寡老幼和极少数遭遇春荒困境的农村居民。因为计划经济时代的单位保障制是建立在国家负责基础之上的全面保障,它在保障城镇职工终身"铁饭碗"的同时,也负责解决困难职工的生活救助问题。改革后的社会救助,由于市场经济必须通过竞争实现优胜劣汰，经济组织不再长生不死，劳动者也不再是终身"铁饭碗"，而是必须面向全社会符合条件的困难群体与不幸者，从而进入了面向全民的社会救助时代。这一转化实现了社会救助从封闭式的民政救助转向开放性的社会救助的飞跃。

从政府恩赐到国民权利。改革前的社会救助，主要依靠各种"红头"文件实施救助，既非政府的法定义务，亦非受助者的法定权利，从而具有传统的官方恩赐色彩，救助项目与救助水平取决于政府的财力及重视程度，受助者处于被动受助的地位。改革后的社会救助，则依靠相关法规、规章实施，政府有明确的法定责任或义务，救助项目与救助水平均以保障困难群体的基本生活为目标，即使是财政困难，政府也必须承担起实施救助的责任与义务。如果政府部门未能够对符合条件者实施有效救助，通常视为失职并要追究责任。从政府恩赐到国民权利，是传统救助制度向现代救助转化的最显著标志。

从单项救助到综合救助。过去的社会救助只救济生活，通常只有简单的食物与衣被保障，现在则扩展到教育、医疗、住房等多个领域。当然，过去这些项目主要通过免费教育、公费与劳保医疗及合作医疗、公共房屋等来解决，现在形势发生了很大变化，需要一个涵盖多个项目的综合型社会救助体系才能解决问题，从而既是相关社会保障制度改革使社会救助承担了更多、更大的责任，也是经济社会发展进步带来的民生升级的表现。

从城乡分割到城乡一体。过去受城乡分割分治、户籍与单位保障制度的影响，社会救助是严格按照城乡分割分治的，现在则是强调城乡统筹并推进城乡一体化的社会救助制度。这一进展以2014年2月国务院颁布的《社会救助暂行办法》为标志，它使社会救助制度从城乡分割的不公平状态向日益公平的方向快速迈进。

乐民之乐者，民亦乐其乐；忧民之忧者，民亦忧其忧。中国的社会救助已经实现了整体转型，一个面向全民的、开放性的综合救助体系已经基本形成。2017年年末，全国共有1 264万人享受城市居民最低生活保障，4 047万人享受农村居民最低生活保障，467万人享受农村特困人员救助供养；全年资助5203万人参加基本医疗保险，医疗救助3 536万人次；国家抚恤、补助各类优抚对象859万人。公共投入的力度、惠及民生的广度前所未有，制度层面已实现应救尽救。

二、中国特色社会福利制度

党的十八大召开，国家提出社会保障是建设和谐幸福社会主义国家的重要保障，社会福利是社会保障的重要组成部分，没有社会福利的发展，就没有社会保障的全面落实。

中国特色社会福利制度的建立，是推动社会和谐稳定发展的必然要求，党的十八大指出我国的社会主义制度是人民当家做主的制度，是以人民的利益为根本基础的，目标是谋民之利、解民之忧，让全体人民过上幸福、安康的生活。我国在经济社会发展过程中，在社会福利制度方面出台了一系列利国利民的惠民政策：职工福利分解、社会福利社会化、社区服务、农村社会福利重构、适度普惠型探索等，凝结为改革成果，初步形成了具有中国特色的新型社会福利体系。企业职工福利改革的核心，是使"企业办社会"的状况得以改变，把企业作为市场经济的独立法人解放出来，自主经营，把福利的问题交给"社会"来承接，使企业回归其原本地，企业不再为职工的生活福利所累，把分解后的职工福利放到社会和社区去承担。"社会福利社会化"是我国社会福利改革的突破口，这些年社会福利改革，基本建成了以国家兴办的社会福利机构为示范、其他多种所有制形式的福利机构为骨干、社区服务为依托、居家养老为基础的社会福利服务网络，这些都标志着民政福利向社会福利的转型。社区服务业是在政府倡导下，为满足社会成员多种需求，以街道、城镇居委会社区组织为依托，具有社会福利性质的居民服务业，是我国社会福利体系和服务体系中的一个重要行业。在中国社会福利转型中，社区接受了由原来单位承担的大部分社会职能，因地制宜地为特殊困难群体和有需求的社会成员提供各种福利服务，成为具有中国特色的社会福利社会化的最有效的实现途径。在农村社会福利方面，社会福利改革触动了农村传统的二元福利体制，在推进城乡一体化、共同享有社会福利资源方面做了许多探索。农村在制度上逐步建立起与市场经济体制相匹配的社会福利制度，实现了改革开放以来我国农村社会福利制度的重大变化和政策调整。

三、人人参与人人享有的社会保险体系

党的十八大以来，覆盖城乡的社会保障体系基本建立，社会保障制度改革取得突破性进展。我国机关事业单位养老保险制度改革，实现机关事业单位和企业的养老保险制度并轨；建立了统一的城乡居民基本养老保险制度，打通职工和居民两大基本养老保险制度的衔接通道；制定基本养老保险基金投资管理办法，在确保安全的前提下努力实现基金保值增值；整合城乡居民基本医疗保险制度，维护城乡居民公平享有基本医疗保障的权益；推进医疗保险支付方式改革，医保在深化医药卫生体制改革中的基础性作用进一步增强；完善社会保险关系转移接续制度，维护流动就业人员的社会保障权益；先后降低养老、失业、工伤、生育保险费率，减轻企业缴费压力。

社会保障覆盖范围与社会保障的水平也持续扩大与提高，通过加快实施全民参保计划，积极开展扩面征缴工作，建立起了世界上覆盖人群最多的社会保障制度，在保基本的前提下，稳步提高了各项社会保障待遇水平。我国在社会保险扩大覆盖面方面取得的成就得到了国际社会的充分肯定和高度评价，国际社会保障协会授予中国政府"社会保障杰出

成就奖"。2015年起,国家积极推动基本养老保险基金投资运营,目前,首批8个省份已与社保基金会签订合同,委托总金额约为4 100亿元,社会保险基金规模不断扩大的同时,健全基金监管制度体系,推进基金监督行政执法与刑事司法衔接,加大对违法犯罪行为的惩处力度,确保基金安全。过去的五年中,中国社会保险事业不断推进"多证合一"登记制度改革,推动社保经办业务与"互联网+"技术深度融合,从中央到地方的五级社会保障管理组织体系和服务网络初步形成,社会保险转移接续更加顺畅。社会保障卡持卡发行量突破10亿张,全国102项社会保障卡应用目录平均开通率超过80%,人民群众享受到了更加方便、快捷、高效的服务,2017年底,全国社保卡基本实现通用,基本实现异地结算,102项福利一张卡就能办妥。

第二节
应保尽保:中国的社会救助制度

社会救助是我国社会保障制度体系中最悠久的一项制度性设计。现今,常见的现金资助、实物发放、以工代赈等救助方略在我国已有三千多年历史,从古代社会单一的赈灾济贫到新时期多元化的救助体系安排,其间折射出发展深化与巨大进步。古代社会,当属赈灾济贫最为常见,每逢重大灾害,统治者常通过开仓放粮、减免赋税,帮助灾民渡过难关,既是为彰显皇恩浩荡,更是为维护王朝统治。以史为鉴,可以知兴替。不难发现,历代王朝但凡能够勤政爱民,社会救助体系设计完备,措施落实有力,即使遭遇重大灾害,也不至于出现大范围灾民流离失所。否则,有灾必荒,有荒必乱。历次重大农民起义,无不与统治者救灾不力分不开。

善为国者,爱民如父母之爱子、兄之爱弟,闻其饥寒为之哀,见其劳苦为之悲。新中国诞生自积贫积弱、一穷二白的旧社会,消除贫困、改善民生,是党和政府始终追求的奋斗目标。改革开放以来,伴随着经济长期高速增长,我国成功建立起具有中国特色的社会救助制度体系,全方位涵盖基本生活救助与专项救助各个方面。在短短40多年时间里,我国就成功让7亿多人摆脱贫困,对世界减贫事业的贡献率逾70%,铸就普惠性发展、包容性增长的典范。辉煌成就的取得,得益于我国政府长期以来在扶贫工作中始终坚持社会救助和扶贫开发协同推进的政策措施。

2013—2017年末全国农村贫困人口

十八大以来,新一届中央领导集体对社会救助事业的重视程度与投入力度皆前所未有,健全完善制度体系,推动提升保障水平,让广大困难群众有更多的获得感、得到切切实实的救助。党和政府庄严承诺,"十三五"时期让7000多万贫困人口如期全部脱贫。这一艰巨任务,既是一道世界性难题,也是人类发展史上前所未有的考验,同时也对社会救助事业赋予新的历史使命。小康不小康,关键看老乡。时代使命要求我们要进一步发挥社会救助事业的基础性作用,对广大困难群众应救尽救,推动打赢这场扶贫开发的攻坚战。

"天地之大，黎元为先"，按照人人参与、人人尽力、人人享有的要求，坚守底线，织牢民生安全网的"网底"，保障群众的基本生活。①

一、托底线

"衙斋卧听萧萧竹，疑是民间疾苦声。些小吾曹州县吏，一枝一叶总关情。"20世纪90年代初，随着改革的深入，市场经济体制的建立，企业逐步走向市场，在激烈的市场竞争中，一些企业由于种种原因，陷入亏损、停产半停产的困境，这些企业已经严重拖欠、停发减发职工工资，职工福利以及公益金入不敷出，很难再拿出钱来对生活困难职工进行救济。而随着物价的上涨，现行的职工生活困难补助制度已难以正常运转，满足不了客观形势发展的需要，必须进行机制创新，招收建立一套适合我国国情并能与整个社会保障体系有效衔接的生活贫困线制度，以取代计划经济时期运作的职工生活困难补助办法。1999年9月，《城市居民最低生活保障条例》开始实施，2007年国家决定在农村建立低保制度。低保覆盖全国农村，城镇困难居民和农村困难农民从此"同享一片蓝天"，这是城乡和谐发展的重要一步。与养老保险、失业保险等其他社会保障制度相比，低保制度具有更加明显的贫困指向特征，是由政府直接对贫困人口给予"兜底"式定期定量救助；与传统的社会救助制度相比，低保制度是一个更加规范化、法制化的社会保障制度，对减缓贫困更加有效。

截至2016年底，全国有城市低保对象855.3万户约1 480.2万人。全年各级财政共支出城市低保资金687.9亿元。2016年全国城市低保平

---

① 习近平：《中国共产党第十八届中央委员会第五次全体会议公报》，2015年10月29日。

均标准为每人每月494.6元,比上年增长9.6%。全国有农村低保对象2 635.3万户、4 586.5万人。全年各级财政共支出农村低保资金1 014.5亿元。2016年全国农村低保平均标准每人每年3 744.0元,比上年增长17.8%。① 各个地方都根据本地实际情况不断调高低保标准,确保低保标准与社会发展同步,保障低保人群基本生活需要,民生兜底网络不断完善,进一步织牢织密保障基本民生的安全网。

针对无劳动能力、无生活来源且无法定赡养、抚养、扶养义务人的老年人、残疾人以及未满16周岁的未成年人,针对这些特定人群面临的特定困难,中国始终坚持以人民为中心,想方设法帮助他们解决问题,国家对此专门制定特困人员供养制度。截至2016年底,全国农村特困人员救助供养496.9万人,比上年减少3.9%。全年各级财政共支出农村特困人员救助供养资金228.9亿元,比上年增长9.0%。

乳山市向中华社会救助基金会捐赠

中华社会救助基金会针对我国农村570多万因各种原因和不幸"无子女、无收入来源、无劳动能力"的孤寡老人开展了名为"百万孤老爱心认助"的公益项目,公共社会捐赠以及公众认筹的方式,向全国贫困地区的孤独老人发放"仁爱礼包",礼包内含孤老的各类生活必需品,突出救助的实用性与针对性。老吾老以及人之老,关心老人,爱

---

① 中华人民共和国民政部:《2016年社会服务发展统计公报》,2017年8月3日。

护老人，让老年人老而不苦，老有所乐，是中国社会的传统理想，也是以人为本的社会最基本的操守。

儿童发展关系国家的未来和民族希望，关系社会公平公正，关系亿万家庭的幸福。改革开放特别是进入 21 世纪以来，我国儿童健康、教育水平明显提高，儿童生存、发展和受保护的权利得到有力保障，提前实现了联合国千年发展目标。但从总体上看，我国儿童事业发展还不平衡，特别是集中连片特殊困难地区的 4 000 万儿童，在健康和教育等方面的发展水平明显低于全国平均水平。2014 年中国制定第一个专门面向贫困地区儿童的国家战略《国家贫困地区儿童发展规划（2014—2020 年）》，新生儿出生健康率提高了、各年龄段的儿童营养状况明显改善、医疗卫生保健水平得到了提高、贫困地区的孩子可以在村里的教学点上学了，一些特殊困难儿童的教育和关爱也得到了重视，4 000 多万贫困家庭的儿童与同其他小伙伴们共同成长、成才。

二、救急难

我们国家地域辽阔，自然灾害频发，为此国家专门制定了自然灾害救助制度，对基本生活受到自然灾害严重影响的人员，提供生活救助。每当有自然灾害发生时，国家都会提供食品、饮用水、帐篷、棉被、衣物、医疗防疫等物品来满足受灾人员的基本生活需求。

此外，国家对遭遇突发事件、意外伤害、重大疾病或其他特殊原因导致基本生活陷入困境，其他社会救助制度暂时无法覆盖或救助之后基本生活暂时仍有严重困难的家庭或个人给予应急性、过渡性的临时救助。2016 年临时救助累计救助 850.7 万人次，支出救助资金 87.7 亿元，平均救助水平每人每次 1031.3 元，其中，救助非本地户籍对象 24.4 万人次。衣食以厚民生，礼义以养其心，临时救助措施提升了社会救助综合效益，确保社会救助安全网网底不破。

三、可持续

从目前我国的贫困产生的原因看,有相当部分人口是因病致贫或因病返贫的。俗话说天有不测风云,为避免困难群众因为没钱看病而耽误病情,国家不断建立健全医疗保险和医疗救助制度。对因病致贫或因病返贫的群众给予有效救助,将贫困人口全部纳入重特大疾病救助范围,保障贫困人口大病得到医治。2016年资助参加基本医疗保险5 560.4万人,支出资助参加基本医疗保险资金63.4亿元,资助参加基本医疗保险人均补助水平113.9元。2016年实施住院和门诊医疗救助2 696.1万人次,支出资金232.7亿元,住院和门诊人次均救助水平分别为1 709.1元和190.0元。2016年全年累计资助优抚对象409.2万人次,优抚医疗补助资金36.2亿元,人均补助水平885.5元。[①]

此外,国家对在义务教育阶段就学的最低生活保障家庭成员、特困供养人员,给予教育救助。教育救助根据不同教育阶段需求,采取减免相关费用、发放助学金、给予生活补助、安排勤工助学等方式实施,保障教育救助对象基本学习、生活需求。针对最低生活保障家庭、分散供养的特困人员中有住房困难的给予住房救助,住房救助通过配租公共租赁住房、发放住房租赁补贴、农村危房改造等方式实施。对最低生活保障家庭中有劳动能力并处于失业状态的成员,通过贷款贴息、社会保险补贴、岗位补贴、培训补贴、费用减免、公益性岗位安置等办法,给予就业救助。

足寒伤心,民寒伤国。国家在保障改善民生过程中,更加注重对特定人群特殊困难的精准帮扶,实施精准帮扶,把钱花在对特定人群特殊困难的针对性帮扶上,使他们有现实获得感,使他们及其后代发展能力得到有效提升。

---

① 中华人民共和国民政部:《2016年社会服务发展统计公报》,2017年8月3日。

第三节
皆有所养：中国的社会福利制度

经济发展的最终目的是国强民富，百姓安居乐业，社会福祉不断提升，最终实现人的全面自由健康发展，依托于社会福利为根基的经济增长和政策选择的道路才是真正可持续发展的。中华人民共和国成立后，我国政府就开始逐步建立完善的社会福利制度，社会福利制度作为一项关系公民切身利益以及国计民生的公共制度，受到政府及社会的关注。

一、社会福利迈向新高度

随着改革开放的深化与发展，加之中国的经济步入新常态，中国的福利制度发展也逐渐进步，迈向新的高度。中国社会福利逐步由补缺型向适度普惠型转变，开始惠及全体人民，人民群众享受到的福利服务越来越多。2002年，在党的十六大报告当中就已经提出，要强化城乡社会救济体系和社会福利事业，条件允许的地方，可以先行探索建立农村养老保险以及最低社会保障制度。到了2007年，在党的十七大报告中，更是明确地提出了要加快建立覆盖城乡居民的社会保障体系，具体是要以社会保险救助福利为基础，以基本养老、医疗、最低生活保障为重点，慈善事业和社会保险作为必要的补充，不断健全完善社会保障体系。2012年，党的十八大报告进一步提出，要从全覆盖保基本多层次可持续方面，突出重点，全面建成覆盖城乡居民的社会保障体系，同时进一步指出，中国的社会福利制度建设从无到有、从城镇到农村、从职业人群到城乡居民，是一个不断改革、发展、完善的过程，要建立健全全社会福利制度，就要不断加深人们对社会福利制度的理解。

现阶段，中国的社会福利制度主要涉及老年人、儿童和残疾人等群体。

二、老年人社会福利

截至 2017 年底，我国 60 岁以上老年人口有 2.41 亿人，占总人口的 17.3%，人口老龄化现象日益严峻。如何让所有老年人都能老有所养、老有所依、老有所乐、老有所安，是摆在中国政府面前的一道难题。近年来政府不断推进老年服务业的发展，推动养老事业多元化、多样化发展，构建起以居家为基础、社区为依托、机构为补充、医养相结合的养老服务体系，更好地满足老年人养老服务需求。近年来，我国政府推动建立了老年人状况统计调查和发布制度、相关保险和福利及与救助相衔接的长期照护保障制度、老年人监护制度、养老机构分类管理制度、制定家庭养老支持政策、农村留守老人关爱服务政策、扶助老年人慈善支持政策、为老年人服务人才激励政策，促进各种制度政策衔接，增强政策合力，让 2.41 亿老年人享有健康幸福的晚年生活，这是世界上绝无仅有的大工程。

近年来，重庆渝北区创新服务理念，着力建设一批社区养老服务站，提供生活护理、保健巡诊等一站式居家养老服务，成为老人们娱乐休闲、学习健身的好去处，让社区老年人老有所养、老有所乐。

浙江桐庐县地处钱塘江中游，富春江斜贯境内，因《富春山居图》而名满天下。这里是全国有名的"长寿之乡"，桐庐的村里几年前就建起了老年食堂，老人们可以在这里吃饭，每顿最多花 5 元钱，90 岁以上的老人则免费。桐庐县 183 个行政村，老年人口比例超过了 22%，现在村村都有老年食堂以及在村小院里的养老服务中心，这种居家养老正是中国正在努力发展的养老模式。近几年来，国家累计投入超 50 亿元，建立起 10 万个农村幸福院、11 万个社区居家养老服务中心。

对于长期以来存在的养老金二元结构的现象，国务院对机关事业单位工作人员养老保险制度进行改革，同时，统一提高全国城乡居民基本养老保险基础养老金最低标准，再次提高全国企业退休人员基本养老金标准。养老金并轨方案的公布，有助于弥补养老金缺口、缩小体制内外的差距，有利于人才的优化配置，促进了各群体间的权利公平，增进了社会的稳定和谐。这样的变革也使养老金可以作为一项惠及民生的福利政策纳入国民经济和社会发展计划，以老年人福利服务为依托，更好地改善老年人的生活质量。

三、儿童社会福利

儿童是家庭的瑰宝，民族的希望，国家的基石，社会的明天，中国是世界上儿童人数最多的发展中国家，中国政府始终把儿童福利的完善放在第一位，致力于为所有儿童提供一个安心、安全以及最大程度实现自我和社会参与的健康成长环境。全社会对儿童福利的关注和参与推动了儿童福利制度的快速进步，儿童福利津贴得到拓展，普惠型专项补贴进一步深化，儿童侵权事件引发的制度反思推动了政策进步，政府购买服务促进儿童公益向专业化方向发展。中国在坚持"儿童优先"原则的基础上，正在实施面向未来的儿童发展纲要。为了尽可能使全体儿童享受更多的福祉，我国政府正在系统设计新型儿童福利体系框架，加快儿童福利的立法进程。推动儿童服务社会组织的专业化建设稳步进行，建立儿童及家庭的全社会支持系统，构建普惠性儿童福利制度，实施儿童福利国家战略刻不容缓。

一袋热牛奶、一颗熟鸡蛋，这些城里孩子经常吃的营养早餐，如

> 今日中国·和谐社会

从2011年秋季起,农村义务教育学生营养改善计划开始实施

今在中国西部贫困山区的学校也成了平常事。从2011年起,中国启动实施农村义务教育学生营养改善计划,改善中国的教育水平,实现教育平等,其中在集中连片特殊困难地区开展试点,中央财政按照每生每天3元的标准为试点地区农村义务教育阶段学生提供营养膳食补助。2014年11月,中央财政对699个国家试点县农村义务教育学生营养膳食补助标准从每生每天3元提高到4元。2011年至今,中央财政累计安排资金1591亿元,用于实施营养改善计划,同时鼓励各地以贫困地区、民族和边疆地区、革命老区等为重点,因地制宜开展营养改善试点,中央财政给予奖补。截至2017年底,全国超过1/2的县实施了营养改善计划,超过1/2的义务教育学校提供营养餐,近1/4的义务教育阶段学生享受营养膳食补助。儿童是民族的希望、国家的未来,儿童营养和健康状况直接关系一个国家的人口素质、发展水平和国际竞争力,让孩子从每天的早餐开始感受社会的温暖,肩负起国家与民族的希望和未来。

四、残疾人社会福利

残疾人由于先天不足或后天的事故成了社会的弱势群体,他们不仅在身体上留有缺陷,心理上也会受到一定的影响。为了更好地维护残疾人的利益,国家颁布实施了《中华人民共和国残疾人保障法》,

从教育、劳动就业、文化生活、社会保障等方面为残疾人提供保障。我国政府采取辅助方法和扶持措施，对残疾人给予特别扶助，减轻或者消除残疾影响和外界障碍，保障残疾人权利的实现，鼓励残疾人自尊、自信、自强、自立，为社会主义建设贡献力量。具体条款如鼓励社会组织提供捐助和服务，提供对残疾人的教育，尊重残疾人的意志想法，禁止施加歧视和暴力等。

残疾人回归社会第一步便是得到基本的康复治疗，国家通过开展精准康复服务，仅2016年便有279.9万残疾儿童及持证残疾人得到基本康复服务。其中，视力残疾40.0万人，听力残疾18.5万人，肢体残疾135.7万人，智力残疾23.1万人，精神残疾62.6万人。全年有15万0～6岁残疾儿童得到基本康复服务，有132.2万人次得到盲杖、助视器、假肢、矫形器、人工耳蜗、助听器等各类辅助器具适配服务。让残疾人接收到同等的教育可以进一步提高残疾人素质以及平等参与社会的能力。残疾人事业专项彩票公益金助学项目的实施，为全国1.4万余人次家庭经济困难的残疾儿童享受普惠性学前教育提供了资助。截至2016年底，全国共有特殊教育普通高中班（部）111个，在校生7 686人，其中聋生6 129人，盲生1 557人。残疾人中等职业学校（班）118个，在校生11 209人，毕业生3 855人，其中2 206人获得职业资格证书。全国有9 592名残疾人被普通高等院校录取，1 941名残疾人进入高等特殊教育学院学习，4.3万名残疾青壮年文盲接受了扫盲教育。2016年，全国持证残疾人新增就业31.2万人，其中城镇新增9.3万人，农村新增21.9万人，城乡持证残疾人就业人数为896.1万人。近年来，越来越多的残疾人走上劳动岗位，感受到辛勤劳动带来的快乐，残疾人的满足感不断提高。

第四节
公平可持续：中国的社会保险制度

利民之事，丝发必兴；厉民之事，毫末必去。党的十八大以来，我国社会保障事业坚持以人民为中心的发展思想，按照人人参与、人人尽力、人人享有的要求，坚守底线、突出重点、完善制度、引导预期，坚持全覆盖、保基本、多层次、可持续的方针，建立健全更加公平更可持续的社会保险制度。国家以增强公平性、适应流动性、保障可持续性为重点，深化社会保障制度改革，不断完善各项社会保险制度，实施全民参保计划，社会保险覆盖范围持续扩大，待遇水平稳步提高，基金收支保持基本平衡，管理服务不断加强，覆盖城乡的社会保障体系建设取得了举世瞩目的杰出成就。

一、社会保险制度不断完善

在养老保险方面，政府实施机关事业单位养老保险制度改革，各地稳步推进机关事业单位养老保险制度改革工作。2016年年末，全国参保人数达到3 666万人；城镇职工基本养老保险基本实现省级统筹。我国政府通过进一步加大基金调剂力度，强化内控制度建设，规范经办流程和业务规程，实行数据省级集中，加强信息系统建设，增强了确保发放的能力，促进了政策的统一规范，提高了管理水平和工作效率，为进一步提高统筹层次创造了条件、积累了经验。其次，我国建立了统一的城乡居民基本养老保险制度，到 2015 年底，全国所有县级行政区基本完成两项制度的整合，实现了制度名称、政策标准、管理服务、信息系统"四统一"；基本养老保险关系转移接续政策及时跟进，打通制度衔接的"梗阻"，解决了城镇职工与城乡居民两大制度的衔接问题，在 2017 年进一步解决了职工在机关事业和企业之间流动就业时基本养老保险和补充养老保险关系的转移接续问题。至此，我国基本形成跨制度、跨地区转移接续基本养老保险的政策体系。同时我国政府大力发展企业（职业）年金，推动多层次养老保险体系建设，制定出台了年金个人所得税递延纳税、鼓励社会团体等建立企业年金的政策。随着企业年金、职业年金的发展，多层次养老保险制度体系作用渐显。

在医疗保险方面，通过整合城镇居民基本医疗保险与新型农村合作医疗，建立统一的城乡居民基本医疗保险制度，我国实现覆盖范围、筹资政策、保障待遇、医保目录、定点管理、基金管理"六统一"，基本医保制度公平性进一步提高，参保人员特别是农村居民保障水平得到提升，所有地市启动实施城乡居民大病保险，大病保险支付比例达到 50%

全国基本实现异地就医结算

以上。2016年按照精准扶贫的要求，我国进一步巩固完善大病保险，对贫困人口等困难人员实行精准施策，在起付线、报销比例等方面给予重点倾斜。为积极应对人口老龄化，解决失能老年人的长期护理需求，更好地维护和保障老年人权益，我国开展了长期护理保险制度试点，选择15个城市开展长期护理保险制度试点，探索建立适应我国国情的、以社会互助共济方式筹集资金的社会保险制度，为长期失能人员的基本生活照料及与基本生活密切相关的医疗护理提供保障。此外，政府还进一步扩大医保基金支付的医疗康复项目范围，2017年印发了新版国家基本医疗保险、工伤保险和生育保险药品目录，西药、中成药部分共收载药品2535个，较上版目录新增339个，增幅约15%，采用排除法规定了基金不予支付费用的中药饮片，同步评审确定了45个拟谈判药品。结合基金收支预算管理，国家全面推进基本医疗保险付费总额控制，积极探索多种付费方式；医疗服务监管不断加强，逐步扩大医保定点医疗机构和定点药店范围，截至2016年底，全国医保定点医疗机构约14.49万家，定点零售药店24.85万家，基本满足了参保人员就医购药的需求。关于流动就业人员医保关系转移接续办法，从明确进城落户农民工参保政策、规范关系转移接续手续、保障关系转移接续中的有关权益、经办服务能力建设和落实组织实施工作等方面进一步完善了基本医保关系转移接续政策。目前我国30个省份实现了省内异地就医直接结算，28个省份正式接入国家异地就医结算系统，启动跨省异地就医持卡结算。

在失业保险方面，首先，我国政府制定使用失业保险基金支持产业结构调整、经济转型升级、企业稳定职工队伍的政策措施。2015年至2016年，全国向近54万户企业发放稳岗补贴364亿元，惠及职工6 561万人。这项政策使企业切实感受到了政府的关心和支持，提高了企业履行稳定就业岗位这一社会责任的积极性，有力地促进了职工岗位稳定和社会稳定。其次，政府不断降低失业保险费率，从 2015 年将失业保险费率暂由现行条例规定的 3% 降至 2%，2016 年将失业保险总费率在 2015 年已降低 1 个百分点的基础上可以阶段性降至 1%～1.5%，其中个人费率不超过 0.5%，再到 2017 年阶段性降低失业保险费率，规定失业保险总费率为 1.5% 的省（区、市），可以将总费率降至 1%，降低费率的期限执行至 2018 年 4 月 30 日。

在工伤保险方面，政府针对建筑业生产经营和劳动用工特点，提出了工伤优先、项目参保、概算列支、一次提取、全员覆盖、前置约束等一系列创新举措。2015 年，启动建筑业工伤保险专项扩面行动计划——"同舟计划"，实现建筑业从业人员全部参加工伤保险，同时建立按项目参保和优先办理工伤保险的工作机制。截至 2016 年底，新开工项目参保率已达 96%，建筑业参保人数 1 896 万人，比上年增加 612 万人。自 2015 年 10 月 1 日起，我国对工伤保险费率政策进行调整完善，降低工伤保险费率，进一步加强工伤保险基金管理。工伤保险费率政策的调整为促进经济社会平稳发展发挥了积极作用，政策实施一年来，减少企业缴费 130 余亿元。党的十八大以来，工伤预防试点工作扩大到了 30 个省份的 54 个统筹地区，通过项目预算管理和政府采购的方式，充分发挥第三方社会经济组织的作用，进一步做好工伤预防宣传、培训等工作，对提高试点地区工伤保险的社会知晓率、增强用人单位和职工的工伤风险防范意识起到了积极的促进作用。

在生育保险方面，我国部分省（自治区、直辖市）将机关事业单位等用人单位及职工纳入生育保险覆盖范围，一些地区还包括了灵活就业人员及农民工。规范生育保险待遇项目及标准，推行定点医疗机构协议管理，实现与定点医疗机构直接结算，方便参保职工就医，不断扩大生育保险制度覆盖范围。通过开展与基本医疗保险合并实施试点，整合两项保险基金及管理资源，强化基金共济能力，提升管理综合效能，降低管理运行成本。

二、社会保险覆盖范围不断扩大

以实现社会保险全覆盖为目标,深入实施全民参保计划,各项社会保险覆盖范围不断扩大。我国在社会保险扩大覆盖面方面取得的成就得到国际社会的充分肯定和高度评价,2016 年 11 月国际社会保障协会授予中国政府"社会保障杰出成就奖"。

养老保险方面,2016 年年末,全国基本养老保险参保人员为 91 454 万人,比上年末增加 2 677 万人。2017 年年末全国参加城镇职工基本养老保险人员为 40 199 万人,比上年末增加 2 269 万人。2017 年年末城乡居民基本养老保险参保人员 51 255 万人,比上年末增加 408 万人。

医疗保险方面,参加基本医疗保险人数 117 664 万人,比上年末增加 43 272 万人。其中职工基本医疗保险人数 30 320 万人,增加 789 万人;参加城乡居民基本医疗保险人数 87 343 万人,增加 42 483 万人。

失业保险方面,2017 年年末全国参加失业保险人数 18 784 万人,较上年末增加 695 万人。年末全国领取失业保险金人数为 220 万人。

工伤保险方面,2017 年年末全国参加工伤保险人数 22 726 万人,较上年末增加 836 万人,其中参加工伤保险的农民工 7 807 万人,增加 297 万人。

生育保险方面,2017 年年末全国参加生育保险人数 19 240 万人,较上年末增加 789 万人。①

---

① 国家统计局:《中华人民共和国 2017 年国民经济和社会发展统计公报》,2018 年 2 月 28 日。

三、社会保险待遇水平稳步提高

养老保险方面，城镇企业参保退休人员基本养老金水平大幅度提高。2003 年至 2016 年国家每年都统一调整企业退休人员基本养老金，并在普遍调整的同时，注意向高龄退休人员适当倾斜。经过连续调整，全国企业退休人员月人均基本养老金从 2012 年的 1 686 元提高到 2016 年的 2 362 元，增长了 676 元，年均增长 8.8%。作为世界上唯一一个老年人口超过 2 亿的国家，中国做到了养老金连续 13 年上调。2016 年机关事业单位和企业退休人员基本养老金待遇首次同步调整并发放到位，养老保险制度的公平性进一步提高。城乡居民基本养老保险待遇也不断提高，2017 年底，城乡居民月人均养老金上涨超过 105 元，基本实现了 5 年翻一番的目标。

在城乡基本医疗保险方面，2016 年职工医疗保险和居民医疗保险基金最高支付限额分别为当地职工年平均工资和当地居民年人均可支配收入的 6 倍，政策范围内住院费用基金支付比例分别达到 80% 和 70% 左右。城镇居民医保门诊统筹普遍建立，主要支付在基层医疗卫生机构发生的门诊医疗费用。部分地方还积极探索职工医保门诊统筹。各级财政对城镇居民基本医疗保险的补助水平逐步提高，由 2012 年的每人每年 240 元提高到 2017 年的每人每年 450 元。对享受最低生活保障的人员等困难群体个人缴费部分再给予补贴。大病保险覆盖城乡居民超过 10 亿人，各省大病保险政策规定的支付比例不低于 50%，有效缓解了困难群体的大额医疗费用负担，受益人员的实际报销比例提高了约 10 个百分点。

在失业保险金方面，全国月平均失业保险金水平由 2012 年的 686 元提高到 2016 年的 1051 元，增长 365 元，年均增长 11.3%。同时国家将会根据 CPI 指数变化，按照规定对领取失业保险金人员发放价格临时补贴。

在工伤保险方面，2016年因工死亡职工的一次性工伤死亡补助金标准达到62.4万元，比2012年（43.6万元）提高了18.8万元，年均增长9.4%。

在生育保险方面，近年"二孩"政策的出台，使得越来越多的育龄妇女享受到了生育保险待遇。2016年生育保险、生育待遇水平达到15 385元，比2012年（11 287元）增加了4 098元，年均增长8.1%，待遇水平继续提高。①

---

① 中华人民共和国人力资源与社会保障部：《2016年度人力资源和社会保障事业发展统计公报》，2017年5月31日。

第六章

人人安康的健康中国

　　人人安康,是一个群体的共同梦想,同时也是一个民族繁荣兴旺的基石。当前,我们党和政府正在通过医疗卫生体制改革、人口计划生育政策调整以及人口老龄化政策的完善,建设健康中国,努力实现人人安康,民族永续发展。

第一节
健康：推进医疗卫生体制改革

一、我国医疗卫生服务发展现状

2016年4月24日，习近平总书记来到安徽省金寨县花石乡大湾村走访村民，看望低保户，在与村民座谈时，习近平用一个"兜"字强调要完善医疗保障制度，织就更密实的民生保障网。习近平总书记讲道，农村时常会发生病的问题、残的问题，这个就靠兜底措施，不光是农村这样，城里也要这样，再一个就是把他们的医保、新农合以及大病这一块能够有更多的扶持，否则这一块花的钱是比较多的。因病致贫占的比重比较大，而且这个事会长期发生下去，不仅在这五年，今后还会有，长期会有。"四天之后，国家卫计委会同国务院扶贫办，全面启动了农村贫困人口因病致贫、因病返贫建档立卡调查工作，针对全国553万户、700多万人的因病致贫的情况建立数据库进行动态管理，解决了当地最突出的健康扶贫问题。

2017年3月，安徽省针对健康脱贫制定了健康脱贫兜底"351"工程实施办法，其内容为按照基本医保、大病保险、医疗救助政策补偿后，贫困人口在省内县域内、市级、省级医疗机构就诊的，个人年度自付封顶额分别为0.3万元、0.5万元和1.0万元。年度内个人自付合规费用累计超过个人自付封顶额时，超过部分的合规费用由政府兜底保障，即"县内三千把病瞧，市级五千，省一万，其余政府把钱掏"，切实保障贫困人口看病就医问题。

人民迫切想解决的"看病难、看病贵"问题一直被国家揣在心里。短短一年多时间，全国各地相继出台切实可行的保障政策，而在更广阔的范围内，中国历史性水平最高，世界上规模最大的基本医疗保障网也已在新一轮医改保基本、强基层、建机制的基本原则下迅速织就，这张全世界最大的基本医疗保障网，被世界卫生组织称赞为举世瞩目的成就。在江苏，随着医改分级诊疗制度的全面铺开，90%以上的乡镇居民享受到了在社区基层卫生院看病带来的便利。居民在社区医院可以随时与自己的主治医生交流，在家门口就可以复查，医生对病人的病情了解、医院离居民家近，居民从中真切感受到了便利与好处。这五年，中国全面推行公立医院综合改革，所有公立医院全部取消药品加成；实施城乡居民大病保险，覆盖人群超过十亿；全国205个城市探索"医联体"新模式，大医院的名医出现在社区诊所；西藏、广西、内蒙古、宁夏、新疆等边远地区都有了先进的远程医疗。

提起家庭医生，不少人脑海中会浮现出那种为高收入群体提供上门服务的日常健康管理与维护的私人医生。2016年5月，国务院医改办等7部委联合印发《关于推进家庭医生签约服务的指导意见》，标志着中国家庭医生签约服务工作正式全面启动。不同于人民传统观念上的家庭医生，中国的家庭医生不是贵族专属，他们是这个拥有十三亿多人口的大国要让人人享有更高等级公共医疗服务的决心和承诺。截至2017年11月底，我国95%以上的城市已开展家庭医生签约服务工作，超过5亿人有了自己的家庭医生，人群覆盖率超过35%，重点人群覆盖率超过65%。建立这种家庭医生的分级诊疗模式，实行的是全科医生签约服务，将医疗卫生服务责任落实到医生个人，这是我国医疗卫生服务的发展方向。早在2010年北京市就已率先在全国提出了"家庭医生"的概念。2015年，北京出台家庭医生服务模式新政，市民一旦签约"家庭医生"，可直接找签约医生预约就诊，就医时也将被"分配"到签约医生处，届时，患者可享受从预约到诊疗的全程"一对一"服务。2016年6月，上海也启动新一轮社区卫生服务综合改革，建立了家庭医生制度。居民在选择社区卫生服务中心家庭医生签约的基础上，可以再选择一家区级医疗机构、一家市级医疗机构进行签约，形成"1+1+1"的签约医疗机构组合，让家庭医生成为居民健康的"守门人"。而作为全国签约服务数量最多、签约率最高的省份——江苏省，通过手机APP，居民能享受到家庭医生"一对一"的服务，预约家庭医生，查询自己的电子档案，还可以查询相关的体检、检查报告。家庭医生也能通过APP来管理签约居民，完成慢病随访和数据采集。如果医生觉得居民的病情需要向二级、三级医院转诊，同样通过轻点手机屏幕就能完成申请。

目前，我国关于"家庭医生"方面的"智慧医疗"发展同样如火如荼。在"互联网+"时代，"智慧医疗"有望成为化解家庭医生"签而不约"的有效工具——云平台的数据传输功能可以帮助医生为病人快速建立健康档案；大数据分析则可以辅助医生确定康复方案，同时，依托智能终端设备，患者和家庭医生可以实现在线交流、视频问诊，服务的可及性大大增强。一家主打"智能医疗"的云平台，可以连接全国30个省份的2400多家重点医院、29万医生、7300多组专家团队和1.7亿实名注册用户，以及100多家医联体和1.8万家基层医疗服务网点。比如，对于一些常见病，可以直接视频问诊、在线购药；对于急重症，可由家庭医生协助预约，实现在互联网医院、医联体、微医全科中心就诊；对于疑难杂症，还可能联通北、上、广等城市甚至海外的医院实现远程会诊。中国的目标是力争到2020年基本实现家庭医生签约服务制度全覆盖，让百姓都有自己的家庭医生。

没有全民健康就没有全面小康，没有民族健康水平的不断提高，就谈不上民族复兴的伟大梦想[①]。截止2016年底，中国人均预期寿命达到76.5岁，高于中高收入国家72.8岁的平均水平。到2020年，当我们全面建成小康社会，实现第一个一百年奋斗目标的时候，中国更将实现百分之百人人享有基本医疗卫生服务的宏伟目标，这是有着五千年文明史的中华民族的宏图大愿，这是有着七十亿成员的人类社会的辉煌壮举，它即将在一个崭新的时代里变成现实。

二、持续推进医药卫生体制改革

2009年以来的新医改已经取得了阶段性胜利，如在做实基层方面，我国已经基本实现了村庄都有医务室，乡镇都有卫生院的目标。不过，整体上看病难问题还没有彻底解决，优质医疗资源依然集中在大城市、大医院；看病贵问题也依然存在，以药养医、医生"靠山吃山"的局面还没有彻底扭转。

我国未来还要继续探索医改这一世界性难题的中国式解决办法，着力解决基本医疗卫生资源均衡配置等问题，致力于实现到2020年人人享有基本医疗卫生服务的目标，推进健康中国建设。政府完善国民健康政策，为人民群众提供全方位全周期健康服务。具体而言，我国正在力推四项医药卫生制度的现代化：即现代医院管理制度、全民医保制度、药品供应保障制度和综合监管制度。

工作重点包括：一是实行医疗、医保、医药联动，推进医药分开，实行分级诊疗,建立覆盖城乡的基本医疗卫生制度和现代医院管理制度。二是全面推进公立医院综合改革，坚持公益属性，破除逐利机制，建立

---

① 《习近平在江苏调研时的讲话（2014年12月13日、14日）》，《人民日报》，2014年12月15日。

三明市率先开展公立医院综合改革

符合医疗行业特点的人事薪酬制度。三是促进医疗资源向基层、农村流动。四是完善基本药物制度,引入市场竞争机制,全面取消以药养医,健全药品供应保障制度,理顺药品价格。

福建省是国家综合医改试点省,特别是福建三明市堪称医改典范。这里以个案较为全面地展现中国医疗卫生体制改革的现状、困难及创新点。为了解决医药收入增长过快,群众看病负担逐年加重,医保基金收不抵支,医患关系紧张等全国普遍性问题,2012年2月以来,三明市坚持把基本医疗卫生制度作为公共产品向全民提供的基本理念,坚持保基本、强基层、建机制的基本原则,进行了医疗卫生改革。该市先后出台了90多份文件,市县一体统筹推进全市22家县级以上公立医院在分配机制、补偿机制、考评机制、药品采购、医院管理、基金管理等方面的综合改革。2016年2月23日,习近平总书记主持召开中央深改组第21次会议,听取了三明市深化医药卫生体制改革情况汇报。

三明医改的目标是"四个可以",即百姓可以接受、财政可以承担、基金可以运行、医院可以持续。为此,三明市提出了"三个回归"的要求,即公立医院回归公益性质、医生回归看病角色、药品回归治病功能。在改革过程中,突出"三个依靠",即公立医疗机构硬件投入依靠政府、软件和日常管理依靠医院自身、降低医疗成本和提高运行效率依靠体制机制创新。在具体途径上,以"三医联动"(医药、医疗、医保)、"四级联推"(市、县、乡、村四级医疗机构)为主要手段。

具体而言,三明医疗卫生体制改革有以下一些新做法。一是改革管理体制。建立健全医改领导小组把涉及公立医院改革的有关医药、医保、医疗等职能部门归口管理。医院的工资总额做到不与药品、耗材、医学检查、化验收入挂钩。二是整治医药,切断药品耗材流通利益链条,减轻群众看病负担。实行药品零差率销售改革;实行药品耗材联合限价采购,遏制医药费用过快增长、药品耗材流通利益链条、药价虚高、看病成本贵等问题。三是整合医保,在全国率先将城镇职工医保、居民医保、新农合三类医保经办机构整合成市医疗保障基金管理中心,"招采合一"发挥医保机构在药品采购中的主导作用。四是规范医疗。建立院长考核评价体系。改革医院工资总额核定办法,实行院长目标年薪制、医生目标年薪制、全员目标年薪制,薪酬向医技人员倾斜,向一线人员倾斜。五是建立现代医院管理制度。建立适应医疗卫生事业发展的院长选聘机制,淡化二级以上公立医院院长行政级别,实行院长聘任制、任期目标责任考核和问责制。

通过这几年的改革实践,三明市公立医院综合改革取得初步成效,实现了"多方共赢":群众个人自付费用下降,医务人员收入待遇大幅度提高,医药总收入年年高幅度增长有效遏制、收入结构更加合理、医务性收入(含金量)大幅提升,城镇职工医保基金安全运行,病人转外就医比率下降,医院得到可持续发展。

第二节
人口均衡发展：人口计划生育政策

人口能否长期均衡发展是影响一个国家经济社会发展的关键性因素。过去三十多年，我国一直处于"干活的人多、吃饭的人少"的局面，人口红利成为改革的一大动力。但自 2012 年以来，我国劳动年龄人口逐年下降，六年时间已经减少近 2000 万。党的十九大指出，促进生育政策和相关经济社会政策配套衔接，加强人口发展战略研究。为了弥补人口红利消减的不足影响，未来，我们需要在人口数量、人口质量和人口结构等方面同时着力，以全面实现二孩政策为抓手，统筹协调，初步形成一个能够实现人口长期均衡发展的体制机制。

一、实施全面二孩政策的背景

从历史上看，新中国成立以来，我国的生育政策不断调整完善。1953 年，《农业发展纲要》首次写入了计划生育内容，计划生育工作开始在一些地区试点。1962 年，党中央、国务院发出了《关于认真提倡计划生育的指示》。1973 年在制定第四个五年计划时，我国正式提出"一个不少，两个正好，三个多了"的口号。1980 年中共中央发出号召，提倡"一对夫妇只生育一个孩子"。1984 年，规定经过批准农村可生二胎。21 世纪初，国家规定，双方为独生子女的家庭可以再生育一个子女。

2013年11月，党的十八届三中全会提出启动实施"单独二孩"政策。2015年10月，党的十三五规划建议进一步指出，全面实施一对夫妇可生育两个孩子政策。从2016年1月1日起，该政策正式落实。

实施全面二孩政策是国家基于对我国人口现实的考虑所做出的决策部署。当前，我国人口发展已经出现转折性变化。一是人口总量增长的势头明显减弱，育龄妇女数量逐步减少，特别是20—29岁生育旺盛期妇女数量下降较快，生育意愿转变。譬如，2013年，党的十八届三中全会提出放开夫妻双方有一方为独生子女的家庭生育二胎的政策，到2015年9月，全国符合生育条件的1100万个家庭中只有176万个家庭申请生育第二胎，并没有出现大规模的生育反弹，让全国人民都吃了一颗定心丸，这为全面放开二胎奠定了基础。二是人口结构性问题日益突出，从2012年以来我国劳动年龄人口持续减少，人口老龄化程度不断加深，出生人口性别比长期持续偏高，加之家庭规模缩小，家庭的养老抚幼、互助互济等传统功能弱化，所以这些从长远来看都是我国人口乃至整个经济社会结构的明显短板。未来几年，我国劳动力资源仍然较为丰富，社会抚养负担较轻，正是调整完善计划生育政策的有利时机，国家正是抓住这个关键的窗口期做出了全面放开二胎的科学决策。

二、全面二孩政策的成效及发展方向

全面二孩政策实施的积极效应大。据有关部门统计，我国现有符合条件的9000万对夫妻中，35岁以上的约占60%，这些夫妻已经过了生育旺盛期，生育愿望相对较低。据测算，未来最高峰时期，我国一年生育也不会超过2 000万个孩子，这一数据也只是2000年左右时我国一年生育的数量，远低于新中国历史上最高峰时每年生育2800万人的数量。事实上，据国家统计局公布的数据，2016年，全国新生孩子为1 786万，比2015年改革政策前的1 655万多出了131万；而2017年全国新生儿

全面两孩政策宣传深入社区、基层

为1 723万人，仅比2015年多出了68万人。按最高口径计算，未来10年我国最多共会多生出约3 000万个孩子，全国人口最高峰时期约为14.5亿，不会出现无力应对的人口冲击浪潮。届时我国的能源、粮食等供给也都在可承受范围之内，不会影响国家既定资源环境战略目标的实现。而且，二胎政策短期可以直接拉动对妇幼健康、婴幼用品、托幼服务、教育等领域的消费，劳动年龄人口增加，也有利于稳定经济增长预期。

目前，从中央到地方各级政府，都在致力于不断提高生殖健康、妇幼保健、托幼等公共服务水平。政策实施后，为了预防高龄孕产妇发生孕产期并发症，政府增加妇幼保健服务能力供给，加强技术人员的培训。同时政府还加强咨询指导，增强孕产妇自我保健能力，完善危重孕产妇和新生儿转诊、会诊网络和机制等，确保二胎政策的积极效应得到最大限度的发挥。

第三节
实现老有所养：应对人口老龄化行动

一、我国人口老龄化的发展历程及现状

人口老龄化是指人口生育率降低和人均寿命延长导致的总人口中因年轻人口数量减少、年长人口数量增加而导致的老年人口比例相应增长的动态。按照联合国的界定，如果一个国家或地区，65岁以上人口占总人口的7%以上，或者60岁以上人口占总人口的10%以上，就说明该国家或地区是老龄化国家或老龄化社会。

从历史上看，人类生存史一直不存在老龄化的问题。直到1865年，法国才成为世界上首个老龄化国家。但在"二战"结束以后，发达国家开始全面过渡老龄化进程。到20世纪80年代，德国的总和生育率降至1.5。2004年，日本总和生育率降至1.28，过度老龄化对发达国家的负面影响已经实实在在地体现在经济和社会发展的各个层面。

我国的人口老龄化最初始自出生人口的大幅减少。自20世纪90年代初开始，我国的总和生育率从20世纪70年代的6.0左右大幅度地降到更替水平（即总和生育率2.1）以下，迅速跨入低生育水平的国家行列。全国第六次人口普查数据显示，2010年，我国人口总和生育率为1.18左右，其中城市地区为0.88，镇为1.15，乡村为1.44。即使经过加权处理，我国现在的总和生育率也未超过1.6。可以说，出生人口的急剧减少、

预期寿命的延长以及其他因素的共同作用，大大加速了我国人口老龄化的进程。

1981年，我国开始了人口老龄化的历程，当年上海成为全国第一个老龄化城市。1999年，全国达到人口老龄化的标准，即60岁以上老年人口占总人口的10%以上。2005年底，全国65岁及以上老年人口首次超过1亿人，占全国总人口的7.69%。到2017年，我国60岁以上老龄人口达到2.41亿，中国成为世界上唯一一个老年人口过亿的国家。

根据我国现有的人口结构和生育政策进行预测，可以肯定未来我国的人口老龄化程度将会持续加深。早在2006年2月，中国老龄工作委员会办公室就公布了《中国人口老龄化发展趋势预测研究报告》，根据该报告的估计，在2000—2100年这100年间，前20年为我国的快速老龄化期，平均每年增加596万老年人口，年均增长速度为3.28%，同期总人口增长年均为0.66%，到2020年，全国老年人口达到2.48亿，老龄化水平为17.17%。2021年至2050年是我国老龄化的加速期，20世纪六七十年代生育高峰期人口进入老年，年均增长620万，但总人口逐渐实现零增长。2050年老年人为4亿，老龄化水平为30%。2051年后为我国进入重度老龄化期，2051年老龄人口将达4.37亿的峰值，约为少儿人口的两倍。这一阶段老年人口稳定在3亿至4亿间，老龄化水平在31%左右，80岁以上的占25%至30%。

2017年，国家有关部门进行了最新预计，到2020年，全国60岁以上老年人口将增加到2.55亿人左右，占总人口比重提升到17.8%左右；高龄老年人将增加到2900万人左右，独居和空巢老年人将增加到1.18亿人左右，老年抚养比将提高到28%左右。①

在老龄化政策方面，目前我国已初步形成政府主导、社会参与、全

---

① 国务院：《"十三五"国家老龄事业发展和养老体系建设规划》，2017年2月28日。

民关怀的发展老龄事业的工作格局。在法律保护方面,初步形成以《中华人民共和国宪法》为基础,以《中华人民共和国老年人权益保障法》为主体,包括有关法律、行政法规、地方性法规、国务院部门规章、地方政府规章和有关政策在内的老龄法律法规政策体系框架。在体制保障方面,国家成立了全国老龄工作委员会,确定了老龄工作目标、任务和基本政策。全国已基本建立起省(自治区、直辖市)、地(市、州、盟)、县(市、区、旗)、乡镇(街道)各级老龄工作委员会及其办事机构,村(居)民委员会有专人负责老龄工作,初步形成从中央到地方的工作网络。在具体实践方面,我国政府先后颁布实施大量政策法规。例如,1982年,成立了中国老龄问题全国委员会,1996年第八届全国人民代表大会常务委员会第二十一次会议通过了《中华人民共和国老年人权益保障法》;1999年全国老龄工作委员会经党中央、国务院批准正式成立;2000年中共中央、国务院颁布下发了《关于加强老龄工作的决定》;2005年国家先后出台了《关于加强基层老龄工作的意见》《关于加强老年人优待工作的意见》等文件;2007年出台了《关于加快推进居家养老服务的意见》;2013年,出台了《国务院关于加快发展养老服务业的若干意见》;2017年,出台了《"十三五"国家老龄事业发展和养老体系建设规划》。党的十七大、十八大和十九大报告都将"老有所养"列为社会建设的重要内容,要求建成"不分年龄、共建共享"的社会。国务院有关部门和地方各级人民政府,分别制定本部门老龄工作行动计划和本地方老龄事业发展规划。国家建立督查和评估制度,对规划的实施情况进行期中和期末检查,推动规划的落实。未来几年间,我国将实现全国老年人口退休金的全覆盖,届时老年人的基本生活将得到全面和持续的经济保障。①

---

① 习近平:《在全国卫生与健康大会上的讲话》,2016年8月19日。

二、人口老龄化带来的问题及政策思路

由于人口老龄化超前于现代化,"未富先老"和"未备先老"的特征日益凸显,老年人面临着贫困、疾病、失能、服务、照料、精神关爱等诸多困难和问题。其中主要问题有以下一些:一是经济快速发展的局面提前结束。经济快速发展需要较高的积累率。而养老事业需要经济上的保障,老年人口增加会导致养老费用支出增加,相关事业投资增加,积累率下降。二是社会保障基金来源问题。根据人力资源和社会保障部的测算,未来30年中国养老金缺口将高达数万亿元。不仅如此,老龄化还将加大公共财政的支出负担,自1998年以来,中央财政已向养老保险基金补贴了数千亿元之巨。三是赡养问题。目前,我国老年人绝大多数是家庭养老,在"421"家庭结构下,未来经济赡养上可能无问题,但在时间上、日常生活照顾上可能精力不足,在精神慰问上也可能出现无力照顾的局面。

国际上曾使用过的老龄化理念很多,如有保障(安全)的老龄化(Secured Aging)、有尊严的老龄化(Dignified Aging)、成功的老龄化(Successful Aging)、丰富多彩的老龄化(Productive Aging)、独立的老龄化(Independent Aging)。目前联合国提倡两种老龄化理念:健康老龄化(Healthy Aging)、积极老龄化(Active Aging),这两个理念科学有效,应当成为我国老龄化政策出台的重要指导思想。2013年,党的十八届三中全会通过的《中共中央关于全面深化改革若干重大问题的决定》指出,要建立更加公平、可持续的社会保障制度,使社会保障制度更全面、更通畅,充分发挥其为老养老功能。2017年,党的十九大进一步提出,积极应对人口老龄化,构建养老、孝老、敬老政策体系和社会环境。

一是"完善",即要让社会保险关系的转移接续更便捷。我国的基础养老金将实现全国统筹,养老保险关系复杂的转移接续问题将会得到

有效缓解。

二是"多元",即在基本养老金制度之外,加快发展企业年金、职业年金、商业保险。有经济能力的单位在基本养老金之外,提供企业年金和职业年金,使老年生活质量明显提高。鼓励企业为员工购买各种商业养老保险作为补充,从保险公司得到更多更好的经济保障。

三是"并轨",统筹解决养老金"双轨制"问题。基本思路是机关事业单位的工作人员在养老方面将会与企业接轨,即实行"统账结合"的基本养老保险。将来养老金的多少跟缴了多少年、每年缴多少直接挂钩,多缴多得、长缴多得。

四是"延退"。当前世界发达国家退休年龄普遍在后推,美国领养老金的年龄是65岁;法国的退休年龄是62岁,英国是65岁,西班牙是67岁。为了保证有足够的劳动力并且减轻"国未富民先老"带来的冲击,党的十八届三中全会通过的《中共中央关于全面深化改革若干重大问题的决定》提出,我国未来将渐进式地延迟退休年龄。当然,这种延迟退休的政策在真正推行之前,会提前告知社会,分步骤、分人群、分地区、有选择性地推进,可能会首先考虑从现在规定退休年龄最低的群体起步,以"一年提高几个月"的方式,用较长的一段时间如10~20年,逐步完成。

三、农村养老存在的问题及政策思路

由于我国农村养老政策出台得相对较少,而农村养老问题却相对突出,因此未来我国人口老龄化政策出台应当重点考虑农村人口养老问题。当前农村养老问题出现的原因大致如下:一是农村养老的财政支持力度不足。目前我国农村社会养老保险的资金筹集采用的原则是个人缴纳为主、集体补助为辅,国家给予政策扶持。农村社会养老保险实际变成了一种强制性储蓄或鼓励性储蓄制度。当前农民所得到的养老金水平极低,

在相当长一段时期内可能都无力成为经济赡养的主力。二是其他农村社会保障有待进一步发展。譬如,农村老年社会福利仍处于相对缺位状态。在城市,老年优待政策不断完善,如北京、天津、上海等地探索建立高龄养老津贴制度,还顺应高龄化和失能老年人增多的护理服务需求,开始研究和探索建立失能老年人的长期照顾和护理保险制度,但这些在全国大多数农村地区都没有得到很好的普及。三是养老保障制度无法满足农村老年人的全部养老需求。在中国的文化氛围下,家庭作为最主要的养老载体的地位无可替代,农村中"分离式"家庭的问题也将使农村养老问题长期存在。除了经济需求外,未来的农村老年人可能会更为渴望子女的精神慰藉。

政府要明确进一步出台农村养老政策应该遵循的基本原则。一是以农村经济发展为根本保障。经济基础决定上层建筑,只有最大限度地做大做强农村经济,才能实现农村老年人的老有所养、老有所依。二是以农民养老的现实需求为立足点。受不同经济条件、社会地位和个人特征的影响,农民的养老需求表现出很强的差异性。当前,老年人对经济支持和生活照顾等较低层次的需求远远高出对精神慰藉的需求,但从长远来讲,农村老年人的精神养老缺位现象将会日益突出。未来的农村要以农民养老的现实需求为立足点,因地、因人、因时制宜,确立未来农村养老体系完善的重点领域,在保障其较低层次养老需求的基础上,不断提高农民较高层次的养老需求。三是以农民的养老意愿为突破口。各项政策充分尊重农民群众对于养老的期待,将养老意愿的差异与养老模式的构建有效地结合起来。

在具体政策内容上,未来的农村养老政策出台的着力点应当是家庭养老和居家养老,其他养老模式只能是辅助和补充。

首先,在文化建设和社会建设中大力支持家庭养老。正如1982年"老龄问题维也纳国际行动计划"中所强调的:"家庭,不论其形式或组织方式如何，被公认为是社会的一个基本单位。"在中国，情形尤其如此。由于绝大多数农村家庭还是家庭养老，农村家庭养老功能急需加强。具体而言，一方面，在文化建设中大力弘扬中华民族"孝文化"传统美德，培育农村良好的社会风气，培养人们敬老爱老的道德风尚。具体可以考虑把家庭养老纳入乡规民约，约束不孝行为。另一方面，要在社会建设中逐步减轻农村家庭养老的负担。可以考虑采取的措施有：建立利益诱导和激励机制，强化子女提供养老服务的功能；建立农村家庭赡养协议书和敬老保证书制度；乡（镇）、村通过行政手段，采取强制性措施，对不赡养老人的子女征收养老费；对虐待老人触犯刑律的子女，由司法部门从重追究法律责任。

其次，引入社会力量逐步完善居家养老。由于农村地区青壮年与老年人长年分居趋势在短期内不会改变，甚至还有进一步加剧的可能，因此在家庭养老之外，可以考虑发挥居家养老的补充作用。居家养老是老人居住在家中，由社会来提供养老服务的一种养老方式。该模式适合子女无暇照顾，有一定自理能力且不愿意离开原有熟悉环境的农村老年人，居家养老使老年人既能继续留在熟悉的环境中，又能得到适当的生活和精神照顾。在农村地区，居家养老服务的提供主体是依托社区而建立的社会化的养老服务体系，包括基本生活照料、休闲娱乐设施支持等。因此，中央和地方政府在实施乡村振兴战略中，可以考虑将支持发展居家养老服务作为重心之一。政府通过政财税收金融手段鼓励居家养老服务机构的成立；鼓励老年公寓、托老所等与居家养老相衔接的养老机构的发展，逐步做实农村养老志愿者队伍；鼓励非政府组织参与居家养老管理并提供相关服务，完善居家养老服务体系，为广大老年人群体创造并提供良好生活状态。

再次，以其他养老模式对家庭养老和居家养老加以补充。具体包括：一是社区养老，如社区可以组织老人组成"老年人互助组"或"老年人家庭公寓"等各种互助性组织,使老人们在经济上可相互接济,在生活上可相互照顾,在精神上可相互抚慰。二是互助养老,如老年人结伴而居的拼家养老、社区内成员相互照顾的社区互助养老等。三是有侧重地发展机构养老。目前,西方发达国家有5%—15%的老年人采用机构养老,其中北欧约为5%—12%,英国约为10%,美国约为20%。对于不同类型的农村老年人入住机构养老后,应进一步实行分级管理,如区分为自理型、半自理型和完全不能自理型三种老年人群体,不同的老年人入住养老院、护理院、临终关怀机构等不同类型的养老机构。

最后,是以农民的养老需求为基础,确立农村养老的重点发展领域。未来相当长时期内,政府和社会各界的努力目标应当是,加快步伐满足农村老年人最基本的经济养老需求,同时不断提高养老需求层次,实现养老模式由生存性养老向精神性养老的跨越。当前最迫切的事情是,通过多种渠道增强对农村养老的经济支持力度。可以考虑的对策有:

在经济上,以土地换保障,增强土地养老功能。通过土地流转,土地耕地交给其他主体来完成,能够最大程度地实现土地经营规模化,让老年人的收益最大化。其中,除了常规的行动主体外,村委会应发挥更大的引导和规范作用,采取更有力的措施,保证农村中年轻一代恪守经济养老的义务。

在日常生活照顾上,加强道德教育,恪守养老义务,确保子女经济扶持力度。如深入推广普及文化宣传与道德建设活动,大力倡导敬老养老之风,积极表彰敬老养老典范,号召村民主动参与到评选"好儿媳""文明家庭"等活动中,树立尊老敬老的典型模范。

在精神慰藉上,开展文娱活动,丰富老年人的精神文化生活。首先,基层政府要引导开展文化下乡活动,组织文艺力量分批分期赴农村开展文艺演出活动。其次,鼓励老年人艺术团队深入老年人群体,提高自我精神慰藉的供给能力。基层政府和村级自治组织要积极谋划,搭桥引入诸如腰鼓队、秧歌队等老年人自发组织的表演。同时在本地区积极成立相应的老年人文化娱乐团体。最后，完善日常感情交流组织，营造和谐养老氛围。其方式主要有利用老年人协会这一平台，组织农村老人们开展邻里互帮互助等活动；定期开展打牌、下棋等活动，增强老人们的团体认同感；完善村庄养老硬件设施，村级老年人活动中心、图书室向他们开放，以满足老人们对于文化知识的需求。

第七章

打造共建共治共享的社会治理格局

  稳定是经济发展、社会和谐、人民幸福的基石。稳定是根本的大局。习近平总书记强调，"没有稳定的社会政治环境，一切改革发展都无从谈起，再好的规划和方案都难以实现，已经取得的成果也会失去"。① 党的十八大以来，以习近平同志为核心的党中央深入贯彻以人民为中心的发展思想，将过去的"社会管理"改称为"社会治理"，不断进行社会治理理念、体制、机制的创新，我国社会治理体系更加完善，社会大局保持稳定，广大人民群众的安全感持续增强。党的十九大进一步明确提出要打造共建共治共享的社会治理格局。按照党的十九大的规划，到2035 年，现代社会治理格局基本形成，社会充满活力又和谐有序；到2050 年，我国社会文明将全面提升，实现国家治理体系和治理能力现代化，人民将享有更加幸福安康的生活。

---

① 习近平：《在中央政法工作会议上的讲话》，2014 年 1 月 7 日。

第一节
以社会治理促进社会和谐

我国自古以来就有"治理"的提法。如《荀子·君道》:"明分职,序事业,材技官能,莫不治理。"《孔子家语·贤君》:"吾欲使官府治理,为之奈何?"新中国成立后,我们党坚持群众观点、群众路线,坚持依靠群众、发动群众来实施社会管理。改革开放后,社会协同、公众参与的理念逐渐深入人心,我们党先后提出"社会治安综合治理""社会管理综合治理",2006年的中央1号文件提出构建"乡村治理新机制",已经突出了社会管理主体的多样化,体现了社会管理的理念。

从2011年开始,党中央把社会管理提升到国家发展战略高度来审视。当年2月,党中央在中央党校举办了省部级主要领导干部"社会管理及其创新"专题研讨班。3月,全国人大通过《国家"十二五"规划纲要》,社会管理以专篇的形式载入纲要;7月,《中共中央国务院关于加强和创新社会管理的意见》发布,明确了加强和创新社会管理的指导思想、基本原则、目标任务和主要措施;2012年11月,党的十八大指出,必须从维护最广大人民根本利益的高度,围绕构建中国特色社会主义管理体系,加强和创新社会管理,推动社会主义和谐社会建设。

2013年以来,党中央将"社会管理"改为"社会治理",使社治理成为国家治理体系和治理能力现代化这一全面深化改革总目标的重要组成部分。党的十八届三中全会通过的《中共中央关于全面深化改革若干重大问题的决定》（以下简称《决定》）指出，在社会领域，要加快形成科学有效的社会治理体制。《决定》从改进社会治理方式、激发社会组织活力、创新有效预防和化解社会矛盾体制、健全公共安全体系等五个方面，对社会治理体制创新进行了系统安排。党的十九大进一步提出，创新社会治理，打造共建共治共享的社会治理格局，为未来的社会治理体制创新指明了方向。

从"社会管理"到"社会治理"虽然是一字之差，却是我们党在社会领域内执政理念和政策思路的一次彻底转换。在 21 世纪初这一历史新时期，在社会主义和谐社会理论中提出"创新社会治理"这一新的历史性命题，是党和国家适应社会结构变迁而做出的重大战略决策。这是因为社会治理是社会建设的重大任务，是国家治理的重要内容。改革开放以来，党和政府高度重视社会管理，并且从中取得了重大成绩，积累了宝贵经验。同时我们也要看到，当前我国改革处于攻坚期和深水区，社会稳定进入风险期，维护国家安全和社会稳定的任务十分繁重艰巨，社会管理面临新情况新问题，必须通过深化改革，实现从传统社会管理向现代社会治理转变。

正是基于以上现实需求，习近平总书记提出了一系列思想观点，形成了习近平社会治理思想，其主要观点有以下几点。

要真正实现从管到治的转变。虽然我国当前所提出的社会治理与西方国家所提倡的"治理""善治"等在理念内涵上有很大的差异之处，但治理理念与管理理念的区别却是非常明显的，未来至少应当在三个方面实现理念转换。一是在行动理念上，实现从管理到服务的转换。正如习近平总书记指出的，社会管理主要是对人的服务和管理。一切社会管理部门都是为群众服务的部门，一切社会管理工作都是为群众谋利益的工作。二是在行动主体上，实现从"绝对一元"到"一主多元"的转换。在社会治理创新中，要加强党委领导，发挥政府主导作用，同时更要注重动员组织社会力量共同参与，发动全社会一起来做好维护社会稳定工作，实现政府治理和社会自我调节、居民自治良性互动。三是在行动取向上，实现从管控、专断到协商、合作的转换。要提高党和国家机关、企事业单位、人民团体、社会组织的工作能力，促进国家治理体制和治理能力现代化。

要实现从管到治，维护社会和谐稳定，必须处理好社会治理过程中的一些基本关系。习近平总书记指出，社会治理是一门科学，要讲究辩证法。治理和管理一字之差，体现的是系统治理、依法治理、源头治理、综合施策。加强和创新社会治理，关键在体制创新，核心是人，只有人与人和谐相处，社会才会安定有序。一方面，政府要处理好维稳和维权的关系，把群众合理合法的利益诉求解决好，使群众由衷感到权益受到了公平对待、利益得到了有效维护。另一方面，政府也要处理好活力和秩序的关系，既不能管得太死，也不能管得太松，要重视疏导化解、柔性维稳，发动全社会一起来做好维护社会稳定的工作。

创新社会治理，体制创新要先行。要继续完善党委领导、政府负责、社会协同、公众参与、法治保障的社会治理体制。加强和改善党委领导，要求在社会治理的指导思想、创新方向、基本原则上加强统领和指导，但领导不等于直接指挥，也不等于包办一切，要在"统"和"分"有机结合上下功夫。要加强社会协同，解决好共治问题，要真正调动社会力量的积极性，让企业和社会组织都积极参与社会治理，其中的关键是调节NGO（非政府组织）和中国传统社会一直存在的民间组织的积极性，发挥优秀传统文化如村规民约在社会治理中的作用，发挥好人民团体的作用。还要在社会治理创新过程中，发动群众、相信群众、依靠群众，使广大人民群众成为社会治理创新的主体力量。

创新社会治理，方式创新是关键。国家要创新社会治理方式，不断提高社会治理社会化、法治化、智能化、专业化水平。政府不断提高社会治理社会化水平，要发挥社会各方面作用，激发全社会活力，群众的事同群众多商量，大家的事人人参与。政府不断提高社会治理法治化水平，引导群众通过法律程序、运用法律手段解决；健全利益表达、利益协调、利益保护机制；引导群众依法行使权利、表达诉求、解决纠纷；推动形成办事依法、遇事找法、解决问题用法、化解矛盾靠法的良好环境；充分发挥法治对社会治理的引领、规范和保障作用。同时，要运用法治思维和法治方式化解矛盾、破解难题、促进和谐，通过社会治理的制度化、规范化、程序化明确预期、稳定信心、激发活力。要树立法治思维、发挥德治作用，更好引导和规范社会生活，努力实现法安天下、德润人心。此外，还要不断提高社会治理智能化水平，加强社会治理基础制度建设，建立国家人口基础信息库、统一社会信用代码制度和相关实名登记制度，完善社会信用体系。随着互联网特别是移动互联网的发展，社会治理模式正在从单向管理转向双向互动，从线下转向线上线下融合，从单纯的政府监管向更加注重社会协同治理转变。强化智能化管理，提高城市管理标准，更多运用互联网、大数据等信息技术手段，提高城市科学化、精细化、智能化管理水平。不断提高社会治理专业化水平，要深化对社会运行规律和治理规律的认识，善于运用先进的理念、科学的态度、专业的方法、精细的标准提升社会治理效能，增强社会治理整体性和协调性，提高预测、预警、预防各类风险的能力。

创新社会治理，关键要持续做好社会治理各主要领域的创新工作。在化解社会矛盾方面，要加强预防和化解社会矛盾机制建设，正确处理人民内部矛盾。政府坚持源头治理，让社会矛盾化解在基层、化解在萌芽状态，尽量做到"小事不出村、中事不出镇、大事不出县"；在维护公共安全方面，要树立安全发展理念，守住安全生产的红线；加快社治安防控体系建设,依法打击各种违法犯罪活动,保护人民人身权、财产权、人格权;在社会心理方面,要加强社会心理服务体系建设,培育自尊自信、理性平和、积极向上的社会心态;在社会治理的基础方面,要做实社区,社区是社会治理的基础,基础不牢,地动山摇,要加强社区治理体系建设,推动社会治理重心向基层下移,把人力、物力、财力、技术等要素投入到社区中,把社会治理新方法新手段运用到基层,让社会秩序的根基坚如磐石。

第二节
夯实社会治理中的社区基础

自20世纪80年代以来,随着国有企业改革逐步深化和非公有制经济日益繁荣,大量"单位人"流入社会成为"社区人",而大量新生的"自由人"的生活也主要依赖于社区。但是从"单位人"向"社会人"的这种转变给社会矛盾的化解也带来很多新问题,这是因为原有的由"单位"来化解一切矛盾的体制正在弱化,而新型社区管理网络还没有完全建立起来,在这种局面下,政府往往要直接面对无数分散的个体,社会治理成本大量增加。

加强社会治理,必须推动社会治理重心向基层下移。习近平总书记指出:"基层是一切工作的落脚点,社会治理的重心必须落实到城乡、社区。"① "社区服务和管理能力强,社会治理的基础就实。" "要尽可能把资源、服务、管理放到基层,使基层有职有权有物,更好为群众提供精准有效的服务和管理。"因此,要加快打造共建共治共享的社会治理格局,就必须完善以基层党组织为核心、全社会共同参与的基层社会治理新格局,通过推动社会治理重心向基层下移,强化社区建设,实现政府治理和社会调节、居民自治良性互动。

一、城市社区治理模式创新:南通市六级社会矛盾大调解机制

从 2003 年 4 月开始这十多年间,南通市建立了以"党委政府统一领导、政法综治牵头协调、调处中心具体运作、司法部门业务指导、职能部门共同参与、社会各方整体联动"为主要特色的社会矛盾纠纷大调解体系。至今,南通已经连续十多年无重大刑事案件,除个别地区外无重大群体性事件;连续三届被中央主管部门表彰为全国社会治安综合治理先进地市,并被授予"长安杯"。

南通的"大调解"体系以现行的社会管理架构为基础,融司法调解、行政调解、人民调解、行业社会调解于一体,最大限度地整合现有社会矛盾调解资源,形成合力,整体联动,以最大的效能化解社会矛盾纠纷。南通在全市构建了市大调解指导委,县、乡调处中心、村(社区)调处站、十户调解小组和基层调解信息员的六级大调解工作网络。目前,南通全市 9 个县(市)区、122 个乡镇(街道)和 2 255 个村(居、园区)都建立了大调解组织,村民小组内部则按照十户为一个单元设立十户联调长,设立矛盾纠纷信息员,在纵向上建立起一道针对矛盾纠纷不留盲

---

① 《习近平在参加十二届全国人大二次会议上海代表团审议时的讲话(2014 年 3 月 5 日)》,《人民日报》,2014 年 3 月 6 日。

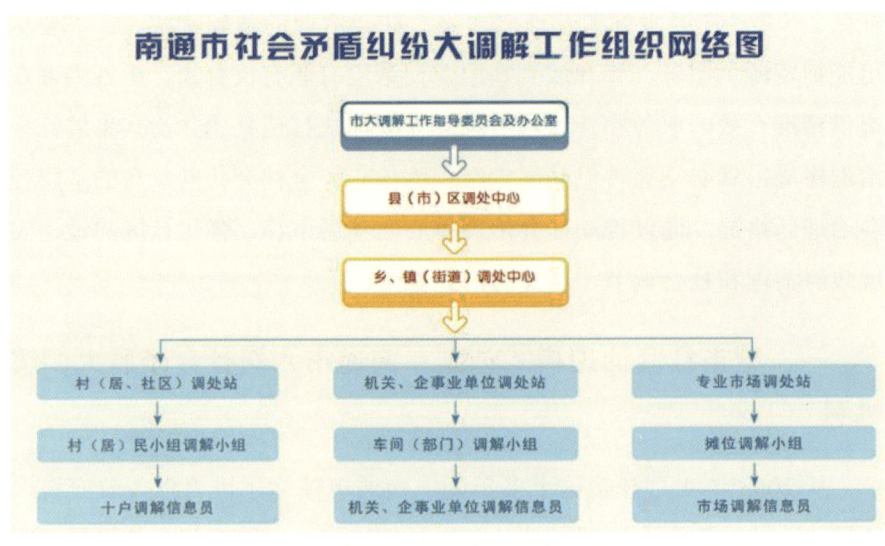

南通市"大调解"体系

点的防范处置网络。在村庄推行"1122"专职队伍建设新模式:每个村配备一名综治专干、一名民警、两名专职治安员、两名专职调解员,这样社会矛盾能够被及早发现、及时处理,形成了把问题和矛盾解决在基层的新机制。

二、农村基层社区治理模式创新:河北省四个覆盖模式

改革开放以来,农村的经济体制、社会结构、利益格局发生了深刻变化,以家庭为单位的农业经营模式占据主导地位,农民的自主性、流动性大大增强,个人、家庭同基层组织的联系淡薄,农村社会呈现松散化状态。[①]可以说,改革开放了,农民被"解放"了,但同时也被"解散"了。农民日益"原子化",成为一盘散沙,导致农村地区基层党组织作用弱化,村民自治实施走样,治安与信访问题突出,共同富裕难以实现,

---

① 《习近平在十八届中共中央政治局第二十二次集体学习时的讲话(2015年4月30日)》,《人民日报》,2015年5月2日。

这些制约农村发展的问题都日益突显出来。

从2010年5月开始至今，河北省肃宁县立足本地实际，县委、县政府在深入调研的基础上通过整体的制度设计，探索推行"四个覆盖"的新型乡村治理模式，并在全省推广。"四个覆盖"的核心是，以基层党组织为核心，以村民代表大群众性自治组织为平台，以农村经合组织和综治维稳组织为骨架，打造覆盖整个农村和广大农民的管理服务网络。一是基层党组织全覆盖，党组织跟着群众走。党的组织机构拓展延伸到农村各个领域、各个行业，不仅加大了覆盖范围和密度，也使党在农村的领导又有了新领域，党组织活动有了新阵地，党员发挥作用有了新平台。二是群众性自治组织全覆盖，从"为民做主"到"由民做主"。村里的重要事项，村"两委"不能擅自决定，必须建起常设性的村民代表大会决策，再由村委会执行，村民监督委员会全程监督。同时，通过村支书竞选担任村代会主席这一制度，把党的领导和村民自治贯通起来。三是综治维稳组织全覆盖，自己帮自己，自己管自己。河北在农村普遍建立三级综治维稳组织。村一级建立综治工作站，站长由村支书兼任；在过去生产队或现在居住片区的基础上，每四十到六十个农户设一综治小区；每十户设一综治小组；在各村都建立一支群众义务轮流值守的巡防队。这种"3+1"综治维稳模式，织就了一张覆盖全村保护村民的"平安网"。四是经合组织全覆盖，推开了农民生活的"幸福之门"。各方全力推进农村经济合作组织全覆盖。通过能人大户领办、村组农户联合、院校基地合作、龙头企业带动等方式发展各类经济合作组织，为农民提供产前、产中、产后一条龙服务，把农业生产各环节的利益"捆绑"在一起，形成了完整的产业化"链条"，从而实现由"自富"到"共富"的转变。

2012年底，河北全省30%的行政村实现了"四个覆盖"，2013年底，全省所有行政村全面推广该模式。河北省落实"四个覆盖"的做法成效

肃宁县蝉联"全国平安建设先进县"

明显,由此得到了中央领导的高度肯定。习近平总书记对此做了长篇批示,他认为,这一做法把分散的农民重新组织起来,是加强农村社会管理,推进农村发展的现实需要。肃宁县推进"四个覆盖"进一步健全了农村基层组织群众、宣传群众、服务群众的组织体系,对加强农村社会管理、推进社会主义新农村建设具有重要意义。效果也不错,值得总结推广。

可以说,河北省在农村全面推行"四个覆盖"的做法是在农村这个社会治理的薄弱环节进行整体性创新的一种尝试,它的这种把分散的农民重新组织起来,利用民间自发力量来维护本地稳定和谐,将社会矛盾化解在萌芽状态的做法,应当是未来基层社会治理创新的努力方向之一。

三、各类重点突破式基层治理创新

除了以上两种具有全局性意义的社区治理创新外,针对乡村社区中面临的最突出问题,各地还进行了更多的创新。

第一,全员参与实现村居共同缔造。共同参与是治理的基本要义所在。如何在乡村治理中调动所有相关各方的参与积极性是城镇化进程中乡村治理创新面临的一个重要挑战。2014年以来,福建厦门市以"美丽村居共同缔造"为基本理念,对此进行了探索。"共同缔造"的核心是群众和社会各界的共同参与,现有的自然村是共同缔造的基础单元。

基本原则是以群众参与为核心、以奖励优秀为动力、以项目活动为载体、以分类统筹为手段。其中，以培育精神为根本，主要培育的精神为勤勉自律、互信互助、开放包容、共建共享。具体执行过程中，共同缔造共有八道程序：一是发动群众参与。以小区、自然村为基础单位，把小区、自然村的"能人"找出来，共同就村民关心的事情进行谋划，形成初步的建设意见或方案，再通过他们去征求意见、宣传发动群众，最大限度地把群众组织起来。二是生成共同缔造项目。根据大多数群众的愿望，策划生成项目，根据申报条件向社区或政府申报。三是申报以奖代补资金。四是开展项目建设。通过房前屋后改造、小区自然村公共空间打造等，让群众参与进来。五是培育社会组织。充分发挥传统八大组织的作用，让其真正来到居民周围，更好地服务居民群众；同时围绕居民的需求，培育形成各类非营利的社会组织、兴趣小组、理事会、行业协会、合作社、志愿者队伍、义工队伍、联防队、妇女互助会等，为居民提供更加精准有效的服务，解决政府干不好、干不到位的问题。六是规范组织运作。让各类组织制定章程和程序，并在村（居）党组织的领导下，开展互动共治和协商共治。七是培育精神文化。把本村的历史文化、名人传记、传家宝等展现出来，通过开展各种评选、兴趣活动，促进社会主义核心价值观落细、落小、落实，培养社区的共同精神。八是提高居民幸福感。农村社区通过合作社、专业协会实现共同致富，通过对居民的精细化了解，提供个性化的服务，提升居民的幸福感。

第二，以"政经分开"发展集体经济。在城镇化进程中，乡村集体资产的保值增值、管理及分配等，是乡村治理中极易引起争议的问题。为了从源头上预防因集体资产处置不透明和财务不公开等造成的乡村乱象，江苏省和广东省的一些区县设计实施了"政经分离"模式，即将农村集体经济组织从自治组织中剥离出来，形成村（居）党组织、自治组织和集体经济组织"三驾马车"齐驱的局面。村党（总）支部书记、村委会主任和经联社社长按职责进行分工,社长主抓经济,村主任专做服务,党组织全盘统筹、协调。在此基础上,该区以农村财务监管平台配套农村集体资产交易平台的运作模式,将农村财务监管"前移",对"三资"(资源、资产、资金)实行在线实时监控。2012年1月,全区的农村财务监管平台开通,该平台对全区224个经联社1934个股份经济社进行财务监管,涉及资金、票据、合同、固定资产、会计核算、资源管理等多个方面。村(居)每一笔款项支取都要通过监管平台,经过相关审批,超过一定数额还需提交到镇(街)一级审批。农村集体资产交易平台让村里的土地、物业得以公开招租,集体资产增值大幅提升,财务监管平台保障财务规范运作,村民理财小组则定期查看、监督。

第三,以村民议事会提升村庄治理效率。在城镇化进程中,农村行政体制改革不断深入,特别是"合村并组"的发展,使原有村庄格局发生变化,行政村落面积扩大,原有的村干部平衡打破以及原有的村民代表大会难以召开,必须采取新的村级治理机制来加以应对。四川省成都市在吸取一些乡村议事会经验的基础上,经过几年试点,于2010年出台了村民议事会组织规则等文件,在乡村地区推广农村议事会。村民议事会议制度大致可以简化为"三步骤",即村民提议、议事会审议、村民监督。村支部书记是议事会召集人或议事长,议事会成员在村民代表中选举产生。为保证各小组均有发言权,各村民小组均选举1—2人为村议事会成员。一般采取"每名村议事会成员联系1—2个村民小组,每名组议事会成员联系十户农户"的方式。此外,还选举3—7人的民主监事会,由全村党员大会和村民议事会"海选"产生。原则上议事会每季度开一次会,在实践操作中一般遇事即议。这种新型乡村治理模式确保了村民在村级事务中的主体地位,整合了村庄资源,理顺了村级组织的职能工作。

第四,以村规民约促进农村社会和谐稳定。农村资源分配不均是导致乡村地区各种矛盾冲突的原因。解决这类问题仅靠法律的约束和制裁远远不够，必须发挥道德治理在乡村治理中的作用。河南省登封市周山村从 2008 年开始尝试利用村规民约来约束村民行为，规范利益分配。该村 2007 年"兑现粮款十三条"规定："妇女婚后户口未迁出者，不论时间长短一律不给口粮款……"，这种排斥妇女的村规民约使得村庄矛盾不断。2008 年至 2015 年，该村三次依法平等民主修订村规民约，纳入十四条性别平等的内容，倡导婚居自主，允许男到女家，并享有同等村民待遇。在执行过程中，村规民约落地的操作方式为：进行参与式培训，即培训者与培训对象围绕主题共同参与展开交流，通过充分的讨论和深入的分析，达成观念的转变。修订村规民约，写入最关键的条款"婚居自主，男到女家、女到男家均可，享受村民待遇"。进行民主协商，多元主体平等参与，通过公平、公开渠道，引导村民有序参与社区事务管理，以理性合法的形式表达利益诉求、调和矛盾冲突。

第五，以社会组织帮助农村弱势群体发展。在城镇化进程中，农村地区妇女、儿童、老年人"三留守"现象普遍存在，如何帮助这些相对弱势群体参与乡村治理、促进自身发展，是乡村治理面临的现实问题。河南省一些市在村庄中普遍建立文化类社会组织，对该挑战做出一些回应。从 2012 年开始，该省的社区教育研究中心即致力于在一些市开办乡村学苑，不仅对村干部进行培训，还建立了妇女学堂和老年学堂。学堂结合村民的需求，定期对村民进行有针对性的培训。学堂的建立深受村民欢迎，同时也改变着村民观念以及妇女、老人的精神状态。通过参与式培训，一些村庄的妇女志愿建立了妇女协会，并开展走访村里孤寡老人并轮流值班照顾等活动。此外，她们还将学前儿童组织起来进行学前教育，参与村庄管理和公共事务，进入村委会和监委会。开办老年学堂之后，村里老年人的观念发生了极大变化。一些老年人发起成立了老年协会，凭借他们的威望，凑钱植树造林，参与调解民间纠纷，主持新型红白喜事，维护村庄环境卫生。他们还进行社区探访，搜集社区资料，记录社区历史，使年轻一代了解自己的社区，爱护自己的社区。这种探索发掘了乡村治理的新主体，让一直被忽视的社会群体充分发挥作用，重建了社区人际关系，增强农村社区的凝聚力，让农村社区的成员在亲密的社区关系中获得安全感和幸福感。

第三节
加强虚拟社会的服务管理

互联网是 20 世纪人类最伟大的科技发明之一。自从 1994 年中国获准加入国际互联网以来，我国网民数量持续快速增长，截至 2018 年 12 月已经达到 8.29 亿，人数稳居世界第一。虚拟社会规模的迅猛扩张引领了人类生产新变革，创造了人类生活新空间，拓展了人类思维新领域，极大地改变了人类社会进程，并以不可逆转之势变革着传统的社会关系、交往方式与社会结构。如何适应虚拟社会发展带来的新变化，让虚拟社会既充满活力又安定有序，已经成为当前世界各国面临的共同议题。

党的十八大以来，党中央审时度势，不断创新社会治理理念、体制和方式方法，互联网建设管理运用不断完善，互联网发展成果不断惠及13 亿中国人民，我国也正在从网络大国走向网络强国。但随着移动互联网、物联网、云计算、人工智能等新技术快速发展，微博、微信等新媒体日益兴盛，近些年来我国网络安全等非传统安全威胁在虚拟社会中蔓延，如信息泄露、网络诈骗等事件频发，网络意识形态斗争日趋激烈，虚拟社会信息生态污染问题严重。习近平总书记指出:"随着互联网特别是移动互联网发展,社会治理模式正在从单向管理转向双向互动,从线下转向线上线下融合,从单纯的政府监管向更加注重社会协同治理转变。我们要深刻认识互联网在国家管理和社会治理中的作用。"① 正因如此,习近平总书记在党的十九大报告中先后八次提及互联网,提出要牢牢把握意识形态工作的主动权,通过创新虚拟社会治理,营造清朗的网络空间。

立场决定思路。创新虚拟社会治理,营造清朗的网络空间,首先需要解决一个立场问题,即需要回答一个站在谁的立场上、为谁而治理的问题。党的十九大报告明确指出,中国共产党要坚持以人民为中心的发展思想,始终代表最广大人民群众的根本利益,为人民谋幸福,努力实现人民对美好生活的向往。随着时代的发展进步,人民对美好生活需要的内涵不断扩展,在物质文化生活之外,民主、法治、公平、正义、安全等都成为人民美好生活的基本内容。在虚拟社会中的生产生活是否有安全感、幸福感,已经成为一种广大人民群众的新需求。适应最广大人民群众的新期待、新需求,让全体中国人民都能共建共享互联网发展成果,是加强和创新虚拟社会治理的出发点和最终落脚点。

站在人民的立场上创新虚拟社会治理,需要不断加强互联网内容建设。互联网作为一门技术,是一把双刃剑。正如社会学家埃瑟·戴森所说:"值得加以强调的是网络既可以用来造福社会,也可以用来危害人间。"营造清朗的网络空间,要求我们在虚拟社会治理中要始终坚持巩固壮大主流思想舆论,弘扬主旋律,传播正能量。一方面,清洁虚拟社会中的乌烟瘴气。对于一些妄图借"网络自由"发起意识形态攻击的势

---

① 《在十八届中共中央政治局第三十六次集体学习时的讲话(2016年10月9日)》,《人民日报》,2016年10月10日。

力,要敢于亮剑;对于一些利用互联网制造色情、暴力、迷信等行为,要坚决抵制。另一方面,提高虚拟社会正面引领的质量和水平。有关部门要充分注意在虚拟社会中人际互动出现的自由组织化倾向、群体极化、数字依赖倾向等,把握好虚拟社会中正面宣传的时、度、效,增强吸引力和感染力,让网民爱听爱看爱参与,能鼓舞人、激励人,从而在思想上产生共鸣,在行动上形成合力;要发挥好互联网反映民意的功能,对各种建设性意见要及时收集并加以吸纳利用,对错误认识要及时释疑解惑,对怨气怨言要及时进行疏导化解;要培育积极健康、向上向善的网络文化,用社会主义核心价值观和人类优秀文明成果滋养人心、滋养社会。

创新虚拟社会治理,需要建立网络综合治理体系。在信息技术大发展大进步的背景下,我国社会治理模式正在从单向管理转向多向互动,从线下转向线上线下融合,从政府监管向平等共治转变。营造清朗的网络空间,就要坚持问题导向,创新虚拟社会治理的基本方式,实现系统治理、综合治理、依法治理、源头治理的有机结合。第一,形成虚拟社会齐治共管的新格局。要发挥好政府、国际组织、人民团体、互联网企业、技术社群、网络民间组织、网民个体等各个主体作用,形成网络发展为人民、网络发展靠人民的虚拟社会治理新格局;要协调和动员各方面的社会力量,从技术到内容、从日常安全到强力控制的多方合作治理机制,确保虚拟社会正常运作。第二,使虚拟社会有法可依。虚拟社会并非世外桃源,也非"法外之地",要依法监管、化解各种社会风险。加快网络立法进程,需要尽快解决当前涉网法律法规立法层次低、立法主体多元、可操作性差、协调性不强以及部分领域立法空白等问题,在条件成熟时出台各种虚拟社会管理的专门法律,逐步构成一个规范虚拟社会所有行为的法律体系,确保依法治网、依法办网、依法上网。第三,促使虚拟社会治理手段多样化。各方通过加强虚拟社会教育,提高网民的守法意识、文明意识、安全意识、责任意识、自律意识;通过培养一批政治立场坚定的网络管理队伍,引导虚拟社会舆论向健康、规范、有序的方向发展;通过开展互联

中央政法委邀请360公司周鸿祎为全国百万政法干警开讲网络安全

网诚信道德体系建设,培育文明、理性、诚信、和谐的网络环境;通过提升各种网络技术,在网络内容监管、有害信息识别、对信息形式实现全媒体监控等方面强化安全管理,彻底堵塞"安全漏洞",坚决打破"安全孤岛"。第四,实现防患于未然。"为之于未有,治之于未乱。"有关部门要加强对虚拟社会中的热点、敏感问题的分析判断,及时发现苗头性、倾向性问题,有效防范管控各种潜在的风险;要在现实社会中把人民群众最关心、最直接、最现实的利益问题解决好,从根源上防止和减少虚拟社会治理问题的生成。

创新虚拟社会治理,营造清朗的网络空间,关键靠人。习近平总书记在党的十九大报告中指出,各级领导干部要善于运用互联网技术和信息化手段开展工作。各级党委和政府要把虚拟社会治理创新摆到更加突出的位置,善于把党的领导和我国社会主义制度优势转化为社会治理优势,着力推进社会治理社会化、法治化、智能化、专业化,不断完善中国特色社会主义社会治理体系。领导干部要强化互联网思维,深化对虚拟社会运行规律和治理规律的认识,树立正确的网络安全观,正确处理好安全和发展、开放和自主、管理和服务的关系,不断提高对虚拟社会规律的把握能力、对网络舆论的引导能力、对信息化发展的驾驭能力和

对网络安全的保障能力。尤为关键的是,党委政府和领导干部要善于在虚拟社会治理中探索出一套互联网群众工作路线和方法,正如习近平总书记所强调的,群众在哪儿,我们的领导干部就要到哪儿去,用网络实现与人民群众的互动,通过网络问需于民、问政于民、问计于民,做到民有所呼、政有所应,从而在现实社会之外构建出一个秩序与活力并存的、成熟的现代互联网社会。

第四节
加强流动人口的服务管理

  在当代中国,流动人口是在城镇化大潮中涌现出来的一个庞大而独特的经济社会群体。对于这一群体,我们还有其他一些正式或非正式的称呼,比如称其为农村剩余劳动力、农村外出务工人员、暂住人口、常住非户籍人口等。受严格的户籍迁移管理制度的限制,目前我国的流动人口大多没有永久性地变更他们的居住地点,多年来一直在城乡之间、东中西部之间,以及大中小城市之间不断地往返迁徙,形成了人类历史上最为壮观的人口流动浪潮。从统计口径看,我国的流动人口是指人户分离人口中扣除市辖区内人户分离的人口。据国家统计局的数据显示,至2017年底,全国全年外出半年以上的流动人口为2.44亿左右。

  流动人口是一个问题群,它附带着一系列的社会问题,如流动儿童服务,流动育龄妇女管理,流动人口工作生活服务,等等。同时,流动人口也一直是反映社会矛盾激化程度的"晴雨表",流动人口为流入地的经济社会发展提供强大动力的同时,也给流入地的社会稳定和社会管理带来一系列新的挑战。①

一、警惕流动人口长期处于浅层城市化状态

流动人口难以实现全面而彻底的市民化，也就是说，到目前为止，我国的大多数流动人口在走出农村，实现非农化后，长期以来并没有真正实现彻底的城市化和市民化，仍处在"浅层城市化"的状态。

从数据上看，"浅层城市化"的主要表现之一是各地的城镇化水平普遍虚高。在目前的人口统计中，离开本乡镇街道在流入地城市居住半年以上的流动人口，都被统计为城市的"常住人口"，但实际上他们大多具有的是农民身份。据国家统计局公布的数据，至 2017 年年底，我国城镇常住人口为 8.1 亿，城镇化率为 58.5%。然而经大致测算，目前全国有 2 亿多人口是"被"统计在城镇人口范围内的，实际上不能真正享受城市的就业、教育等公共服务和社会保障等安全保障，最多只能算是"准城市人口"。

如果说冷冰冰的数据还比较粗象的话，那么对流动人口的工作和生活进行仔细扫描后就可以看到，流动人口的浅层城市化主要表现为：一是流动人口的"被农民化"现象较为普遍，即城市对流动人口所构筑的"玻璃隔板"或隐或现，严重阻碍了流动人口在工作和生活方面实现市民化。二是职业梦想难以实现。流动人口在城市里只能从事当地居民不愿意做的脏、累、苦、险等工作，在行业和职业等方面都呈现出"孤岛化"的倾向。权益保障力度有待加强。流动人口的基本就业权益的保障力度也远远比不上正式城镇职工。三是公共服务歧视难以忍受。从全国来看，目前尽管各地的户籍制度在日益放开，但是以户籍为基础进行

---

① 《在中央城镇化工作会议上的讲话（2013 年 12 月 12 日）》，《十八大以来重要文献选编（上）》，中央文献出版社 2014 年版，第 593 页。

资源分配的全国格局并没有瓦解。到目前为止，在住房方面，要买城市里的保障性住房如两限房、经济适用房、公共租赁房、廉租房，首先要出示本地城镇户口簿；在教育方面，在现行体制下，教育经费是划给户口所在地的教育部门的，流动人口子女要想在城市里读小学必须采用借读的方式，实际操作过程中有许多地方还在收借读费，而且流动人口子女无法在父母所在城市参加高考，只能回老家；在社会保障方面，城镇职工和居民有基本的医疗、养老、失业、生育、工伤等社会保险和社会救助制度的保障，而流动人口大多数人只能选择参加老家的"新农合"等。

二、直接方案：提供均等化的公共服务

在流动人口服务管理方面，全国各地的大中城市进行了许多创新，如浙江嘉兴等地成立了专门针对流动人口的新市民服务局，江苏无锡等地成立人口委员会等大人口机构，统筹协调新市民和流动人口的管理服务。其中，北京海淀区肖家河社区建立新居民服务之家的做法就在全国具有普遍性意义。

2012 年，北京海淀区肖家河社区有户籍人口 4 198 人，但外来人口却有 3 万多人，其中多为青年农民工。为了服务新居民，肖家河党支部、居委会组建了社区新居民服务之家。新居民服务之家下设社区就业服务站、法律援助站、课后四点班与社区二手店。其中，社区就业服务站通过组织培训学习，提高社区新居民的知识技能水平；社区法律援助站在每周三有两名公益律师为新居民提供法律援助咨询服务；针对社区内的孩子们下午三四点放学后无人监管照料的情况，采取由附近高校大学生志愿者开设"课后四点班"，给打工子弟学生创造一个新的学习和文娱活动的环境；而社区二手店中的商品则来自高校学生、社区居民及社会各界爱心人士的捐赠，以低廉的价格出售给新居民。

新居民服务之家实际上是一个在城市社会力量的帮助下，新居民逐渐实现自我管理、自我服务、自我教育，由服务的接受群体开展自我服务的自治组织。其中，我们可以看到：社区是开展流动人口技能培训、生活服务、日常管理和心理调适工作的基本依托地。在城市中，日益壮大和做实的基层社区应当成为各级政府农民工工作的最终落脚点。北京市以社区实有人口为基础，开展服务管理的做法也是未来流动人口管理服务工作的基本取向。同时，社区也是各种社会力量进行慈善捐赠、志愿力量提供各种服务的重要基地。社会力量可以成为政府、企业之外帮助流动人口的重要力量，因此需要对志愿力量的主要来源如大学生、律师、老年居民等进行有效的组织，并依托社区有针对性地开展一系列新的服务项目，帮助流动人口快速融入城市之中。更重要的是，帮助流动人口最终是要激发他们的自治激情，提升他们的自治能力，最终实现自我管理和自我发展。只有这样，流动人口才能真正在城市中长久地生存和发展下去。

三、最终方案：推动实现农民工市民化

经济学家斯蒂格利茨曾经说过一句名言：影响 21 世纪人类文明进程有两大事件：一是以美国为首的新技术革命；二是中国的城市化。[①] 未来二三十年是我国从一个传统农民大国彻底转变成一个现代市民中国的关键时期。农民工是流动人口的主体。未来，我国可以社会合作理念为基础，从短期和长期两个方面共同着力，在行动上协调解决农民工市民化进程中的各种问题，在制度上彻底理顺农民工市民化进程中的各种关系，最终形成推进农民工与其他社会群体之间相互调适、互惠共融的格局。

一是迁移自由化。迁移自由化即以权利与义务对等为原则逐步推动全

---

① 转引自仇保兴：《应对机遇与挑战：中国城镇化战略研究主要问题与对策》（第二版），中国建筑工业出版社 2009 年版，第 12 页。

国人口迁徙的自由化。从国外经验来看，西方国家在移民管理方面，一般都遵循权利与义务对等的基本原则，即履行一定义务后方可享受一定的权利。[①] 当代中国，在城市社会的总体承受能力相对不足的情况下，也应当按照"权利与义务对等"的原则，构筑起有利于人口在全国范围内自由流动的制度框架，让包括农民工在内的所有群体在各领域内都真正实现国民待遇[②]。

二是农民工主体化。所谓农民工主体化，即以自我管理和社会参与为基础实现农民工主体地位的回归。未来农民工要积极行动，通过自主管理和参与政策等形式，在社会经济政治等领域表达自身意志，实现对相关政策的主体参与。此外，职能部门可以促使农民工实现角色转换，减轻群体性焦虑程度，防止以群体性愤怒的形式进行意志表达，成为一名合格的城市社会行动主体。

一方面，构建支撑农民工自我管理并融入城市的组织体系。人的自我管理是人的主体地位的最直接表现。组织是自我管理的基本依托。加强农民工自我管理必须从政府和农民工两方面出发，构建一个由现有工会、农民工自发性组织共同构成的、可供农民工自由选择的多层次组织体系。为此，政府要强化针对农民工自发性组织的公共服务职能，出台相应的法律、法规和政策，积极引导、鼓励农民工参与工会组织和其他自治组织。未来可以采取多种入会方式，如源头入会制、广覆盖式、流动会员制等，重点在中小企业和临时外出就业的农民工中发展工会会员。再如，主动联系和发展农民工的自发性组织。当前，北京和广东全面推行的以工青妇等群体组织为"枢纽型组织"，联系和引导各种民间社会组织的做法值得参考。对于进城农民工而言，共青团和志愿者协会可以

---

① 梁茂信：《1940—1990 年美国移民政策的变化与影响》，载《美国研究》1997 年第 7 期。
② 这一问题，已经在第一章的户籍制度改革一节中有过论述。

联系新生代农民工中的民间组织如"小小鸟"打工热线、同乡会；妇联、法律协会可以联系女性农民工中的一些民间组织如"打工妹之家"；科协可以联系具有较高知识和技能水平的农民工；等等。

另一方面，多方推动进城农民工的社会参与。这种参与集中体现了农民工的主体性，是进城农民工主体意识和主体地位的集中表现。因此，未来要完善进城农民工参与城市政策制定的具体路径。首先，要采取有效措施让民主参与的法律规定落到实处。其次，要进一步提高农民工自主参与的程度。要扩大农民工社会参与范围，扩大农民工的知情权、参与权和决策权。譬如，对于劳动仲裁、社会福利发放、社会救助的实施等，应当考虑以一定的方式让农民工代表和农民工民间组织参加讨论或者听证，给予农民工以自由选择权等；适时在部分地区探索建立农民工组织领导职业化的探索，实行组织领导的任期制，对其权利义务进行明确的规范，并在农民工、政府、企业、工会之间建立一个畅通的沟通协调机制，形成多元参与的制度平台。

三是城市社会共融化。在强调农民工主体性的前提下，农民工市民化所要实现的不仅是农民工的"城市融入""城市融合""城市接纳"，而是不同社会行动主体都分别进行调适，政府、市民和农民工等直接相关行动者都行动起来，在互惠、合作、协调的基础上，最终实现社会的"共融"。

社会"共融"的基本特性和共同特征为共容、共熔、共融。共容是心理基础，共熔是必由之路，共融是典型特征；共容、共熔和共融的最终目标都是社会和谐。具体而言，第一步是共容，即不同社会群体在社会中能够共同生存下去，"集体排他"现象不再存在。当前的中国城市社会中，这种共容已经成为基本的事实，但仍然存在一些阻碍不同社会群体共容的制度设置，如针对外来人口的一些专门性制度壁垒。第二步是共熔，即从不同社会群体开始从间隔疏离走向交互共融的超越与扬弃。

第三步是共融。共融性社会的基本理念有三：营造平等的社会气氛，使社会各个人群享有平等的机会；消除彼此的隔膜，促进相互的了解；接纳文化上的差异，尊重彼此的观念及生活方式。特别需要指出的是，社会共融不是单方面地要求社会群体的哪一方应该适应或变成另一方，而是突出彼此的平等、接纳、尊重和独立。只有不同的社会群体之间彼此互相尊重和关怀，在生活各个层面互相接纳与了解，才能实现共融性社会的目标。共融性社会就是建立一个"互相沟通，消除歧视、彼此尊重"的具有共融性的和谐社会。

可以说，只有农民工真正从"他者""客体"转变为"主人"和"主体"，农民工市民化进程中遇到的各种矛盾现象才会逐渐消失，农民工才能真正成为市民化进程的主导者，农民市民化才会名副其实，整个城市社会才是共融、共生的。流动人口的服务管理才能真正实现现代化，新型城镇化以人为本的核心目标才能成为现实。

结语
— Jie Yu —

不断增强人民的获得感、幸福感和安全感

习近平总书记曾经引用明代政治家张居正的话强调指出,"治理之道,莫要于安民;安民之道,在于察其疾苦"。人民生活幸福安康是国家强盛的最终体现。未来,中国的社会主义现代化建设和民族伟大复兴必须坚持以人民为中心的原则,要把社会建设放在最重要的位置,全力以赴,让广大人民群众的生活水平和生活质量不断提升,让社会更加和谐稳定。

以社会建设促进社会和谐是一项长期工作,会有连续不断的新起点。一方面,目前我国发展不平衡、不协调、不可持续问题急需解决;另一方面,人民对美好生活的向往也在不断增强,也要求未来抓住人民最关心最直接最现实的利益问题,抓住最需要关心的人群,一件事情接着一件事情办、一年接着一年干,锲而不舍向前走。

但是俗话说,樱桃好吃树难栽。我国仍处于并将长期处于社会主义初级阶段,改善民生和社会治理创新不能超越这一基本国情。我们要认识到,未来要真正实现人人享有,关键是要做到人人参与、人人尽力。唯有如此,才能真正实现习近平总书记所提出的经济发展与社会建设良性循环的良好状态。一方面,要全力引导预期。未来,社会建设应侧重于保障基本需求,使社会公平保障的标准与我国现阶段的经济发展水平相适应,"知屋漏者在宇下",不能脱离实际,提出超越发展阶段的过高要求;要引导广大人民群众树立通过勤劳致富改善生活的信念,不等不靠,从而使改善民生既是党和政府工作的方向,又成为广大人民群众

自身奋斗的目标。另一方面，要营造良好的社会环境。要形成人人参与的良好社会氛围，让我们为共享发展理念点"赞"，让我们一起为共享发展理念"众筹"，人人出份力，人人有收益。此外，我们要竭力形成崇尚劳动的社会氛围。"一勤天下无难事"，劳动是财富的源泉，也是幸福的源泉。要让广大人民群众坚信，只有通过辛勤劳动，诚实劳动，才能创造出更加美好的明天。

　　凡是过去，皆为序章。党的十九大已经为增进13亿中国人民的幸福安康生活绘出了一张清晰可行的路线图，只要我们拧成一股绳、心往一处想、劲往一处使，同心协力，砥砺前行，相信经过一段时间的奋斗，我们一定能够拉高所有中国老百姓的"获得感"，让一个更加富足、和谐的全面小康社会呈现在世界人民面前！

后 记

长期以来,一直计划写一本有关社会建设的通俗理论读物,向读者呈现出当前中国改善民生和社会治理方面的大致状态。"今日中国"丛书的主题是向国内外介绍改革开放40多年来尤其是党的十八大以来的社会建设成就和进一步的发展方向,正好与我的想法不谋而合,于是就有了本书的诞生。

本书的定位是面向大众读者的理论读物,而非严格的学术著作,因此作者求力在保证文字客观、准确的基础上,行文通俗一些、流畅一些。希望能够做到以数据和案例为分析依据,理论与现实结合,典雅与通俗互融,可读性较强。期盼读者阅读本书后,对改革开放以来中国在民生事业和社会治理方面取得的巨大成就有一个较好的把握和认知,从而能够更好地认识未来中国社会的发展方向。

在本书写作的过程中,本丛书主编、著名学者、天津大学颜晓峰教授给予了直接的指导;湖南教育出版社的领导,策划编辑和责任编辑董静静,以及丛书联络员天津大学贺敬垒老师提供了大量帮助,在此一并致谢!

本书是由中共中央党校社会学教研室教授王道勇主编,具体分工为:第一、三、六、七章、结语和后记,王道勇;第二章,龙琪琪;第四章,刘奕辰；第五章，张佳；最后由主编进行修改定稿。由于作者能力有限，本书中难免存在一些不足之处，敬请读者不吝指正。

王道勇

2019年4月于北京西山大有北里

图书在版编目（CIP）数据

和谐社会 / 朱建纲，颜晓峰主编. —长沙：湖南教育出版社，2019.8（今日中国）

ISBN 978-7-5539-5581-0

I. ①和… II. ①朱… ②颜… III. ①中国特色社会主义—社会主义建设—成就 IV. ①D616

中国版本图书馆CIP数据核字（2019）第021220号

今 日 中 国
和 谐 社 会
HEXIE SHEHUI

总 策 划：黄步高
执行策划：黄永华　董静静
主　　编：朱建纲　颜晓峰
本册主编：王道勇
责任编辑：董静静
装帧设计：谢俊平
出版发行：湖南教育出版社（长沙市韶山北路443号）
网　　址：www.bakclass.com
电子邮箱：hnjycbs@sina.com
客服电话：0731-85486979
经　　销：湖南省新华书店
印　　刷：长沙超峰印刷有限公司
开　　本：710 mm×1000 mm　1/16
印　　张：11.25
字　　数：200 000
版　　次：2019年8月第1版
印　　次：2019年8月第1次印刷
书　　号：ISBN 978-7-5539-5581-0
定　　价：48.00元

本书若有印刷、装订错误，可向承印厂调换